우리 아이

초등 입학

이렇게 준비해요

예비 학부모를 위한 초등 입학 안내서

우리 아이
초등 입학
이렇게 준비해요

김성원 지음

책숲

천천히 가도 좋아요

어느덧 초등 입학 안내서 《아이의 미래를 바꾸는 1년, 초등 입학 이렇게 준비해요》를 내놓은 지도 5년이라는 시간이 지났습니다.

　2024년도부터 교육과정이 개정되어 "2022개정 교육과정"이 초등 1학년부터 학교 현장에서 적용되고 있습니다. 지난 몇 년 동안은 전 세계적으로 유행한 코로나로 아이들이 학교에 가는 데 어려움이 많았습니다. 학부모님께서는 코로나 동안 가정학습으로 아이들의 교육을 지켜내느라 고생이 많으셨고 학교 교육의 중요성을 절실하게 느끼는 시간이 되기도 했습니다. 이제는 학교 현장이 정상으로 돌아와서 우리 아이들이 학교에서 교육과정에 맞춰 내실 있는 학교생활을 하고 있습니다.

　초등 1학년 입학을 앞둔 학부모님이라면, 우리 아이가 초등학생이 된다고 생각하면 유치원과 달리 많은 부담과 여러 가지 생각으로 고민하실 줄로 압니다. 초등학교는 유치원보다 우리 아이들이 스스로 할 일이 많아지고 학습이 이루어지기 때문에 학부모님의 걱정은 당연합니다. 하지만 많은 정보 속에서 흔들리지 않도록 부모님께서 충분히 공부하셔서 우리 아이에게 꼭 필요한 정보를 가지고 아이의 입학을 준비하면 우리 아이들은 씩씩하고 슬기롭게 학교생활을 잘해 나가리라 생각됩니다.

30년 동안 학교에서 아이들을 가르친 경험을 가지고 쓴 《아이의 미래를 바꾸는 1년, 초등 입학 이렇게 준비해요》에서도 강조했지만, 여전히 초등학교 입학을 즈음하여 아이의 기본 생활습관을 점검하고 준비하는 것이 중요합니다. 부족한 부분이 있다면 하나씩 하나씩 스스로 할 기회를 아이들에게 충분히 시간을 주고 익히는 시간을 가지면 됩니다. 아이 스스로 하는 기본 생활습관이 형성되면 이를 바탕으로 스스로 학습할 수 있는 공부 습관을 쌓아가면 좋습니다.

　　요즈음 학교에서 초등학교 1학년 아이들을 만나보면 여전히 학습이나 생활 부분에 어려움이 많아 참으로 안타까운 점이 많습니다. 기본을 갖추지 못했는데 학교 수업을 마치고 방과 후 수업, 학원 수업으로 우리 아이들은 참으로 바쁜 시간을 보내고 있습니다. 그러다 보니 아이들은 학교생활도 어렵고 학교 공부에 집중하기보다는 산만한 행동들이 증가하는 추세입니다.

　　초등 1학년은 부모님의 조바심으로 다양한 지식으로 채우기보다는 천천히 가더라도 바르게 공부하는 자세, 바르게 생활하는 태도, 친구와 사이좋게 지내는 것에 중점을 두고 부모님과 우리 자녀들이 함께 성장하는 시간으로 나아가길 바랍니다.

　개정판 《우리 아이 초등 입학 이렇게 준비해요》를 준비하고 다시 다듬는 시간 동안 여전히 우리 아이들이 스스로 공부하고 바른 생활습관이 형성되어 자기주도적인 사람으로 거듭 태어날 수 있도록 준비했습니다. 다시 한번 여러분 자녀의 초등학교 입학을 축하하며 아이와 부모님께서 함께 성장하는 길잡이가 되기를 간절히 바랍니다.

똑똑 초등생활 샘 김성원

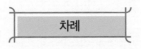

차례

1장 **2월, 입학을 준비해요**

스스로 하는 습관을 길러요 —— 20

취학 통지서가 나왔어요 / 입학물품 구매 / 입학 전 건강 관리 / 일찍 자고 일찍 일어나요 / 혼자 밥을 먹어요 / 혼자 옷을 입어요 / 혼자 화장실에 가요 / 자기 물건은 스스로 정리해요 / 한글은 꼭 알고 입학합니다 / 제 자리에 앉아서 공부해요 / 큰소리로 인사해요 / 잘 듣고 분명하게 자기 생각을 말해요 / 안전한 등하교

학교 현장에서 _ 신발이 불편해 종일 고생한 아이 —— 41

2장 **3월, 입학 적응기가 1년을 좌우한다**

초등학교 1학년은 학교생활에 잘 적응하는 것이
가장 중요합니다 —— 68

입학식에 갑니다 / 아침밥을 꼭 먹고 학교에 가요 / 날마다 아이와 함께

알림장과 가정통신문을 확인해요 / 학교 시설 바르게 이용해요 / 도서관을 친구로 만들어요 / 선생님 말씀에 집중해요 / 화장실은 언제나 갈 수 있어요 / 학용품을 바르게 사용하고 손힘을 길러요 / 바르게 급식을 먹어요 / 바른 자세를 익힙니다 / 자기소개 연습을 해요 / 빨리보다는 최선을 다하는 아이 / 친구랑 잘 지내는 아이가 공부도 잘한다 / 바른 인성을 길러요 / 학사력 챙기기

3장 재미있게 교과 공부를 해요

흥미와 호기심으로 공부의 물꼬를 틉니다 —— 142

강점 지능이 행복한 아이로 자라게 합니다 / 공부하는 뇌의 활성화 / 2022 개정 교육과정 핵심 / 국어 교과 / 수학 교과 / 통합 교과 / 평가

4장 선생님 궁금해요
_ 학교생활 사례별 Q&A

Q. 짝꿍은 어떻게 정하나요?

Q. 입학 뒤 유난히 긴장하고 불안해하는 아이

Q. 화장실에 자주 가는 아이, 배가 자주 아픈 아이

Q. 과제를 제시간에 다하지 못해요.

Q. 책읽기를 싫어하는 아이, 어떻게 해야 할까요?

Q. 수업시간에 산만하다고 주의를 받아요.

Q. 친구들이 놀리고 괴롭힐 때

Q. 우리 아이가 다른 아이를 때리거나 괴롭혔을 때

Q. 친구랑 잘 어울리지 못해요.

Q. 체육 시간에는 어떤 옷을 입어야 하나요?

Q. 학교 급식은 다 먹어야 하나요?

Q. 아이가 비만이라 걱정이에요.

Q. 방과 후 수업은 아이가 원하는 것을 다 신청해도 되나요?

Q. 방과 후 수업 신청은 어떻게 하나요?

Q. 과학 상상화 그리기 대회를 위해 미술학원에 다녀야 할까요?

Q. 상담은 꼭 해야 하는가요?

Q. 아이가 선생님께 잘못을 지적받았을 때

Q. 학부모 총회와 공개수업 꼭 참석해야 하나요?

Q. 교실 청소를 엄마들이 해야 하나요?

Q. 방학 때도 돌봄 교실을 운영하나요?

Q. 결석이나 조퇴할 때는 어떻게 해야 하나요?

Q. 회장 선거는 나가는 것이 좋을까요?

Q. 초등학교 아이에게 휴대전화가 필요할까요?

Q. 학생정서행동특성검사 결과는 정확한가요?

Q. 담임 선생님과 연락은 어떻게 하는 것이 좋은가요?

5장 학부모님이 알아두면 유익한 정보

신체검사와 정서행동특성검사 / 개인 체험학습 신청과 결과보고 / 교원 능력개발평가 / 스승의 날 선물 / 전학 절차 / 초등학교 교육비 지원 / 학부모의 간식 제공 / 학부모를 위한 부모교육 참고 도서 / 엄마도 함께하는 체크리스트 / 선생님이 추천하는 화이트보드판 활용법

우리 아이의 미래를 바꾸는 1년,
초등 입학 이렇게 준비하세요

수많은 교육 전문가와 교육 정보가 넘쳐나고 있지만, 다음 세대를 이끌 아이들에게 과연 무엇을 어떻게 가르쳐야 할지, 부모님의 고민과 질문은 끝이 없는 것 같습니다. 이 말을 들으면 이걸 해야 할 것 같고, 저 말을 들으면 저것도 해야 할 것 같은데 뭔가 해 보기도 전에 지치는 게 현실입니다. 자녀를 낳고 기르는 것은 즐겁고 행복한 일인데 막상 교육 문제만 생각하면 부모님의 어깨는 한껏 무거워집니다. 지난 33여 년간 교직에서 아이들을 가르친 교사로서 초등학교 입학을 앞둔 부모님께 드리고 싶은 말씀은 기본에 충실하자는 것입니다.

　행복하고 미래에 필요한 인재로 아이를 키우려면 초등학교 시기에 무엇을 꼭 해야 할까요? 첫째는 바른 인성교육이고, 둘째는 자기주도적인 생활습관과 공부습관을 형성하는 것이며, 셋째는 아이의 강점을 찾는 것입니다.

자녀 미래 설계의 기초공사는 반드시 인성교육으로

　언제부터인가 우리 사회는 과도한 경쟁 속에 성적 위주의 입시에 매달리다 보니 인성교육은 희미해져 버린 지 오래입니다. 예전에는 밥상머리 교육과 함께 할아버지, 할머니, 여러 가족 친지들 속에서 스스로 자신의 위치와 할 일을 보고 배우는 기회가 많았습니다. 어른을 만날 일이 별로 없는 요즘은 막상 친척 어른을 만나도 어떻게 해야 할지 몰라 쭈뼛거리며 서 있는 아이가 많습니다. 비단 가족 관계에서뿐 만이 아닙니다. 자녀가 한둘이다 보니 다 귀하게만 키워 다른 사람에 대한 배려심이 부족합니다.

그러다 보니 유치원에서든 학교에서든 친구 사귀기도 쉽지 않습니다.

바른 인성을 갖추고 있으면, 소통을 잘할 수 있고 다른 사람을 배려할 수 있습니다. 앞으로는 다른 사람과 소통하면서 함께 문제 해결 방법을 찾고 더불어 살아가는 삶을 이해하고 실천하는 사람이 더욱 필요합니다. 부모님들은 시험 점수에 얽매이기보다 아이들에게 인성을 기를 기회를 먼저 주어야 합니다. 미래 학자 최재붕 교수는 《포노 사피엔스》 책에서 미래의 인재는 인간의 마음을 알기 위해 다른 사람과의 관계에서 경험을 축적해야 한다고 했습니다. 좋은 인성을 갖는다는 것은 인간과 사회에 관심을 가지고 폭넓게 이해하는 것이라는 뜻이기도 합니다.

처음에는 다소 학업 역량이 부족한 아이라도 바른 인성을 갖고 있으면 의지를 갖고 얼마든지 극복해 나가는 것을 보았습니다. 반면 특별한 재능이 있어도 인성이 뒷받침되지 않은 아이는 능력을 제대로 발휘하지 못하고 묻혀 버리는 걸 보면, 재능보다도 사람 됨됨이가 훨씬 더 중요하다는 것을 알 수 있습니다. 바른 인성은 재능을 온전히 발휘하게 할 뿐만 아니라 행복한 삶의 바탕이 된다는 것을 꼭 기억하기 바랍니다.

스스로 자기 할 일을 하는 자기주도적 습관

"좋은 대학에 가야 하니까 너는 공부만 해라. 나머지는 엄마, 아빠가 다 해 줄게."

혹시 이렇게 생각하는 부모님이 있다면 이거야말로 아이를 바보로 만드는 지름길이라고 말씀드리고 싶습니다. 언제까지 부모님이 다 해 줄 수는 없을 테니까요.

아동정신분석학자 에릭슨의 발달 단계에 따르면 초등학교 시기는 자기 주도적으로 여러 가지 시도를 하고 근면함을 키우는 시기입니다. 이때 부모님의 칭찬과 격려는 아이의 자존감을 높이고 실패하더라도 다시 일어서는 회복 탄력성을 강하게 합니다. 자존감은 자기 자신을 귀하게 여기는 마음으로 자존감이 높은 사람은 행복도가 높고 자기 일을 주도적으로 해 나갑니다. 스스로 판단하고, 결정하고, 책임지면서 성장하는 것이지요.

"학교 갈 시간이다. 일어나라, 밥 먹어라, 이 닦아라, 옷 입어라, 방 치워라……"

아침부터 계속 이런 잔소리를 듣는 아이는 자기주도적인 기본 생활 이 안 되는 것입니다. 아이가 잔소리를 많이 듣다 보면 스스로 이것도 저것도 못 한다고 생각해 매사에 자신감이 떨어집니다. 잔소리에 대한 반발로 유난히 힘든 사춘기를 보낼지도 모릅니다. 교실에서 보면 초등학교 1학년이라고 해도 똑같은 1학년이 아닙니다. 수업이나 모둠 활동에서 자기가 할 일을 야무지게 잘하고 친구까지 도와주는 아이가 있는가 하면, 무엇 하나 제대로 못 해서 쩔쩔매는 아이들도 많습니다. '때가 되면 잘하겠지'라고 생각하실지 모르지만, 고학년이 된다고 다 잘하게 되지는 않습니다. 오히려 고학년 때 잘못된 생활습관을 고치려고 하면 자아가 강해져서 선생님이나 부모님의 조언을 잘 받아들이지 않습니다. 초등학교 1학년은 아이들이 기본 생활습관을 바르게 형성할 수 있는 결정적인 시기입니다. 1학년 때부터 생활습관을 점검하고 자기 일은 스스로 해 나갈 수 있도록 해야 합니다. 기본 생활습관이 몸에 배면 공부도 스스로 하는 아이가 됩니다.

기본 생활을 자기주도적으로 잘하게 되면, 날마다 책읽기, 한두 쪽 수학 문제 풀기도 스스로 할 수 있습니다. 처음에는 10분, 20분도 괜찮습니다. 날마다 꾸준히 하다 보면 성적도 오르고 학년이 올라갈수록 공부 방법도 터득하게 됩니다. 스스로 하는 공부는 사고를 깊게 만들면서 공부를 하지 말라고 해도 공부하는 아이가 될 것입니다.

아이의 강점을 찾아주세요

많은 부모님이 이왕이면 아이가 이것도 잘하고 저것도 잘하길 바랍니다. 하지만 여러 분야에서 뛰어난 자질을 갖춘다는 건 힘든 일입니다. 저마다 타고난 소질과 능력이 달라서 모든 공부를 잘할 수는 없습니다. 성적에만 집중하지 마시고 아이가 학교생활에 어떤 노력을 기울이고 있는지 자세히 관찰하고, 격려하고, 인정해 주세요. 격려를 받은 아이는 무엇이든 해낼 수 있다는 자신감이 생기고 계속 노력하게 됩니다. 그러다 강점이 드러나면 더 도전하고 발전시킬 수 있도록 도와줘야 합니다.

만약 점수에만 집착하면 아이의 강점은 잘 보이지 않습니다. 성적이 좋지 않은 과목을 끌어 올리기 위해 아이에게 노력을 강요하기가 쉽습니다. 하기 싫은 것을 억지로 하다 보면 아이는 점점 수동적으로 변하고 무기력해집니다. 좋아하고 잘할 수 있는 일을 찾아 도전하고 성취하는 경험이 아이에게는 중요합니다.

16

아무리 좋은 정보와 교육법이 있더라도 참고가 될 뿐 내 아이에게는 딱 맞지 않을 수 있습니다. 자녀교육에 관한 지식과 정보를 얻는 것보다 더 중요한 것은 아이를 있는 그대로 받아들이는 것입니다. 지혜로운 부모는 아이 안에 감추어진 씨앗이 무엇인지 살펴봅니다. 채송화 씨앗인지, 해바라기 씨앗인지 자세히 살펴보고, 저마다 예쁜 꽃을 피우도록 적당한 물과 거름을 주며 정성껏 길러내시기 바랍니다.

1장

2월,
입학을 준비해요

스스로 하는
생활습관을 길러요

취학 통지서를 받고 나면 비로소 아이의 입학이 실감 나기 시작하고,
이런저런 걱정이 머릿속에 떠오릅니다.

아침에 일찍 일어나 제시간에 학교에 갈 수 있을까?

선생님 말씀을 잘 따라 할까?

급식은 잘 먹을까?

수업시간 내내 잘 앉아 있을까?

화장실에서 실수하지 않을까?

친구들이랑 잘 지낼 수 있을까?

주위 분들에게 덕담을 들어도, 또래 엄마를 만나도 걱정거리는 늘어납

니다. 만약 첫 아이의 입학을 앞두고 있다면 엄마도 처음, 아이도 처음, 이만저만 걱정이 아니지요. 그런데 이제 걱정보다는 아이와 학교생활에 관해 이야기를 시작해야 합니다. 학교는 어떤 곳인지, 친구랑 어떻게 지내야 하는지, 왜 규칙과 질서를 지켜야 하는지 안내가 필요합니다.

학교 갈 준비를 한다고 이것저것 지적하고 학교 갈 애가 그것도 못 해서 큰일이라고 말하는 건 걱정이 아니라 아이를 겁주는 것입니다.

"학교에 가면 좋은 선생님을 만나고 새로운 친구도 사귀게 될 거야. 재미있는 일도 많이 있을 걸…… 그런데 몇 가지는 엄마랑 미리 연습해야 하는데, 같이 한번 해 볼까?"라고 해 보세요. 할 일을 차근차근 알려주고 하나씩 해 나가도록 도와주면 아이도 학교생활을 기대하고 준비를 잘 할 수 있습니다.

입학을 준비한다고 하면 공부부터 떠올리고, 초등교육과정을 미리 공부해야 한다고 생각하는 분도 있습니다. 그런데 공부보다는 아이가 혼자 해야 할 일을 스스로 할 수 있는지 점검하고, 잘할 수 있도록 연습하는 것이 더 중요합니다. 구구단을 외우거나 많은 책을 읽은 아이라도 기본 생활습관이 제대로 잡혀 있지 않으면 학교에 적응하기 힘듭니다. 수업 시간에 집중하지 못하거나, 앉아 있어야 할 때 돌아다니거나, 규칙을 지키지 않는다면 친구들에게 피해를 주고 선생님의 지적을 듣게 될 것입니다. 그러면 아이는 위축되고 학교생활이 힘들다고 느끼게 됩니다.

초등학교 입학 준비는 학습보다 먼저 기본 생활습관 점검이 우선입니다. 1학년 아이들은 수업 내용이 어려워서 힘든 것이 아니라 부모님이나 선생님의 도움 없이 자기가 할 일을 혼자 해내야 해서 어려움을 겪는 것입니다. 기본 생활습관을 몸에 익히는 것은 집의 기초공사를 튼튼히 하는 것과 같아서 스스로 공부하는 아이로 성장하기 위해 꼭 필요합니다. 올바른 생활 태도와 습관을 제대로 익히지 못하면 학습 능력을 기르는 데에도 저해가 됩니다. 초등학교 때 익힌 올바른 생활습관은 중학교, 고등학교까지 이어져 성실한 학습 태도의 바탕이 될 것입니다.

스스로 일찍 일어나기, 혼자 옷 입기, 밥 먹고 정리하기, 혼자 화장실 가고 뒤처리 잘하기, 자리에 앉아서 할 일을 하고 정리정돈하기, 바르게 인사하기, 부모님께 높임말 쓰기, 다른 사람이 말할 때 잘 듣기……

만약 초등학교 1학년이 이렇게 한다면 칭찬을 자주 듣고 자존감이 높아져서 모든 일에 적극적으로 생활하게 됩니다. 입학 전에 아이의 생활습관을 점검해 부족한 부분이 있다면 반복해서 연습하도록 도와주세요. 입학을 앞둔 2월은 전반적인 생활습관을 점검하고 스스로 하는 습관을 익히는 기간입니다.

	입학 전 점검 사항	예	아니오
1	일찍 자고 아침에 정해진 시간에 스스로 일어나요		
2	스스로 옷을 입어요		
3	입은 옷을 정리하고 세탁실에 갖다 놓아요		
4	젓가락질을 잘해요		
5	음식을 골고루 먹어요		
6	혼자 15분 안에 식사를 마치고 빈그릇을 정리해요		
7	혼자 우유갑을 열고 우유를 마실 수 있어요		
8	화장실에 가서 혼자 용변을 보고 나와요		
9	혼자 양치질을 잘해요		
10	가위로 선을 따라 동그라미를 오릴 수 있어요		
11	풀을 바르게 사용할 수 있어요		
12	운동화 끈을 풀고 묶을 수 있어요		
13	큰소리로 인사를 할 수 있어요 (안녕히 주무셨어요. 감사합니다. 잘 먹었습니다. 다녀오겠습니다. 안녕히 주무세요. 안녕하세요.)		
14	부모님께 높임말을 사용해요		
15	자기 방 물건이나 장난감을 정리해요		
16	옷장에 옷을 넣고 꺼내 입을 수 있어요		
17	큰소리로 책을 읽어요		
18	정확한 문장으로 부탁하는 말을 할 수 있어요		
19	20분 정도 책상에 앉아서 놀거나 책을 읽어요		
20	간단한 심부름을 할 수 있어요		

입학 전 위 항목에서 10개 정도는 스스로 할 수 있어야 해요.
입학 뒤에는 20개 항목 모두를 다 해낼 수 있도록 꾸준히 연습해야 즐겁게
학교생활을 할 수 있습니다.

취학 통지서가
나왔어요

전에는 주민센터에서 가정에 직접 취학 통지서를 전달하는 방식이었지만, 2021년부터는 12월 한 달 동안 온라인으로 간편하게 발급받을 수 있습니다. 사정상 온라인으로 발급받기 어려운 경우나 기간 내에 온라인으로 발급받지 못한 가정에는 취학 통지서가 직접 배부됩니다. 취학 통지서에는 취학 아동의 이름과 주민등록번호, 보호자 이름과 주소가 적혀 있고 예비소집일에 대한 안내가 있습니다. 취학 통지서를 받으면 아이에게 보여 주고 가족 모두 모여 초등학교 입학을 축하하는 시간을 가져도 좋습니다. 보통 예비소집일은 1월 중순에서 말 사이에 있고, 입학식은 보통 3월 2일에 합니다.

이사가 예정되어 있거나 사립학교에 입학할 경우는 취학 통지된 학교에 미리 연락해 알려야 합니다. 거주지를 기준으로 초등학교 취학 아동

명단이 결정되면 해당 학교 예비소집일에 입학 신청을 받습니다. 예비소집일에 오지 않는 경우 아이의 행적을 일일이 파악하기가 어렵습니다. 반드시 먼저 취학 통지된 학교에 변동 상황을 알리고 나서, 이사 갈 지역의 학교나 사립학교 입학이 이루어지도록 합니다.

예비소집일

1월 중순에 신입생 예비 소집이 있습니다. 부모님께서는 취학 통지서와 입학 예정인 아이와 꼭 함께 학교에 가서 취학 통지서를 접수하고 입학에 대한 안내를 받게 됩니다. 요즘은 온라인 접수도 되지만 예비소집일은 학부모와 아이가 공식적으로 처음 학교에 가는 날입니다. 함께 학교에 가는 보호자가 부모 대신 할머니 할아버지 또는 다른 보호자가 가도 무방하지만, 입학 예정인 아이는 부모가 함께 예비소집에 가는 걸 좋아합니다. 입학에 대한 기대와 설렘, 두려움을 안고 학교를 둘러보며 이야기를 나누는 일은 학부모와 아이 모두에게 특별한 일이 될 것입니다.

예비 소집은 보통 오후 1시나 2시 정도에 하며, 취학 통지서에 연락처를 기재하여 해당 주소지 담당 선생님께 제출합니다. 그리고 학교에서 받은 가정통신문과 안내 책자는 꼼꼼히 읽어 봐야 합니다. 학교에 내야 할 것을 미리미리 챙겨서 입학식 다음 날 담임 선생님께 제출합니다.

방과 후 돌봄 서비스가 필요한 경우에는 돌봄 교실을 신청하고 필요한 서류를 빠짐없이 잘 준비해야 합니다. 서류가 하나라도 빠지거나 제때 못 내면 아이도 당황하고 선생님도 업무처리가 어렵습니다.

아이가 휠체어를 타고 다니거나 몸이 불편하다면 엘리베이터, 화장실이 가까운 교실로 배정받을 수 있도록 미리 부탁합니다. 보통 어느 반에 배정되었는지는 입학식 날 알게 됩니다. 학교마다 반배정 운영방식이 조금씩 다르기는 하지만 학교 소개와 신입생 부모교육이 있다면 참석하는 것이 좋습니다. 예비소집일에 학교를 방문하기 어려우면 예비소집일 전에 미리 학교에 연락해야 합니다. 그러면 학교에서 학교 방문이 가능한 다른 날 올 수 있도록 배려합니다.

쌍둥이 자녀는 원하면 각각 같은 반, 다른 반에 배정됩니다.

쌍둥이 자녀가 있다면, 예비소집일에 반배정에 대해서 원하시는 반을 말씀해 주시면 됩니다. 쌍둥이 자녀가 같은 반에 있으면 준비물이나 수업 진도가 같고 낯선 환경에 적응하는데 서로 도움이 되기도 합니다. 전에는 반에 따라 준비물이나 과제가 달라 쌍둥이 자녀를 돌보는 것이 번거롭기도 했습니다. 요즘은 학습 준비물을 대부분 학교에서 지급하고 과제도 많지 않아서 가정에서 챙길 것이 별로 없습니다. 쌍둥이 자녀가 한 반에서 잘 생활하면 좋겠지만, 쌍둥이라도 서로 개인차가 있기 마련이고 필요없는 경쟁이나 질투로 서로에게 피해가 되는 경우가 종종 있습니다. 선생님이 한 아이를 칭찬할 때 다른 아이가 느낄 질투도 문제지만, 반대로 쌍둥이 중 한 아이가 혼날 때도 상처가 될 수 있고, 집에 가서도 학교에서 있었던 일을 서로 이르면 서로 사이가 나빠지기도 합니다. 쌍둥이 자녀가 꼭 함께 해야하는 분리불안이 심하거나 건강상 문제가 없다면 쌍둥이 자녀를 서로 다른 반에 배정하는 것도 좋습니다.

26

입학물품
구매

책가방은 3학년까지 편하게 사용할 수 있는 것으로 고릅니다

부모님들은 처음 학교에 가는 아이에게 유행하는 캐릭터 가방, 유명상표 가방 같은 좋은 책가방을 사 주고 싶어 합니다. 그러나 너무 무겁거나 다루기 힘든 책가방은 좋지 않습니다. 책가방은 아이의 체격에 맞는 것으로 세워 두었을 때 쓰러지지 않고 여닫기가 쉬우면서 가벼운 것이 좋습니다. 책가방을 고를 때에는 아이가 직접 열고 닫게 해 보는 게 좋습니다. 입학 때 산 가방을 6학년까지 쓰는 경우는 드뭅니다. 3, 4학년 정도 되면 아이들 취향도 달라지고 체격도 달라져서 새 책가방을 사게 됩니다.

요즈음은 준비물이 별로 없고 교과서도 학교에 두고 다니는 경우가 많으나 도서관에서 빌린 책, 알림장, 가정통신문 파일, 필통, 물통, 방과 후 수업 준비물을 넣으면 가방은 금방 무거워집니다. 그래서 가방 자체의 무게가 너무 무거운 가방은 좋지 않습니다. 보통 교실에서는 책가방을 책상 옆 고리에 걸어두므로 배낭 형태가 좋고, 과밀학급의 경우에는 좁은 사물함 속에 가방을 넣어야 할 때도 있으니 너무 크지 않아야 합니다. 또 물통을 가지고 다니려면 가방 옆에 물통 넣는 자리가 있는 것이 좋습니다. 책가방 안쪽에 물통을 넣고 다니다가 잘 닫지 않아 물이 흐르면 가방 안에 있는 책, 공책과 학용품이 젖기도 하니 가방 바깥에 물통을 넣는 자리가 있는 가방을 권합니다. 가방 크기는 A4 파일이 들어가는 정도가 적당합니다. 바퀴가 달린 가방은 계단이 많은 학교에서 사용하기 불편할 뿐만 아니라 친구들이 걸려 넘어질 수 있으니 피하는 게 좋습니다.

실내화 가방은 꼭 책가방과 맞출 필요가 없습니다

책가방과 실내화 가방을 세트로 살 필요는 없습니다. 실내화 가방은 실내화를 넣고 빼기 쉽도록 입구가 열려 있는 것이 좋습니다. 실내화 가방 손잡이가 너무 길어서 복도나 바닥에 끌리지 않는지 확인합니다.

기본적으로 필요한 학교 준비물

초등학교에 입학하면 기본적으로 책가방, 신발, 실내화, 실내화 주머니, 크레파스, 색연필, 사인펜, 필통, 풀, 가위 들이 필요합니다. 학교에는 가정의 부담을 덜고자 학습 준비물 예산이 책정되어 있습니다. 새 학년이 되면 같은 학년 선생님들이 상의하여 학습에 필요한 도화지, 색종이, 찰흙 같은 준비물을 정합니다. 학교마다 조금씩 다를 수 있지만, 기본 준비물 말고는 선생님의 안내를 받고 사는 것이 좋습니다.

기본 입학물품

필통	더러워지면 빨아서 쓸 수 있는 **천으로 된 필통**이 좋습니다. 떨어뜨리면 소리가 나는 철제 필통은 수업에 방해가 됩니다. 게임 기능이 있거나 연필깎기 기능이 있는 플라스틱 필통은 수업 시간에 만지작거려 수업에 방해되므로 좋지 않습니다. 필통 크기는 연필 3자루, 지우개 1개, 네임펜, 자, 작은 풀과 가위를 넣을 수 있는 10×20cm 정도 크기가 적당합니다.
연필	1학년 아이들은 손힘이 없어서 글씨 쓰기를 많이 힘들어합니다. 심이 단단한 HB연필보다는 진하게 나오는 **2B연필**을 쓰면 좀 더 쉽게 글씨를 쓸 수 있습니다. 또 연필을 바르게 쥐지 못한다면 연필 끼우개를 함께 사용하는 것이 좋습니다.
지우개	딱딱한 지우개는 지우다가 공책이 찢어지는 경우가 있으므로 부드럽고 말랑말랑한 지우개가 좋습니다. 너무 큰 지우개, 캐릭터 모양의 지우개는 장난감처럼 수업 시간에도 가지고 놀 수 있어서 좋지 않습니다.
가위	가위는 손에 잘 맞고 불편함이 없는지 아이가 직접 쥐어보고 삽니다. 만약 아이가 왼손잡이라면 **왼손잡이용 가위**를 준비합니다. 안전을 위해서 가위 끝을 안전하게 처리한 **안전가위**를 추천합니다. 풀 뚜껑도 자주 분실함으로 뚜껑에도 이름을 붙여주시기 바랍니다.
크레파스	24색 정도가 적당합니다. 48색이 넘는 큰 크레파스는 비좁은 책상 위에서 사용하기 번거롭고 아이들이 다루기 힘듭니다.
색연필 사인펜	12색 정도가 적당하고 색연필은 돌려 사용하는 것이 좋습니다. 종이에 말려 있는 색연필은 1학년 아이들이 사용하기 어렵습니다. 사인펜은 주로 색을 칠할 때 사용하기 때문에 심지 두께가 있는 노마르지를 추천합니다.

A4 비닐파일	가정통신문 파일은 내용물이 잘 보이는 투명한 A4 비닐파일이 좋습니다. 미리 여러 개 준비해 두고 사용할 수 있도록 합니다.
실내화	미끄럽지 않고 빨기 쉬운 것으로 꼭 흰색일 필요는 없습니다. 아이들의 빠른 성장을 고려해 크고 헐렁한 실내화를 신게 하면 아이의 걸음걸이가 부자연스러워지고 신발에 걸려 넘어질 수 있어 위험합니다. 실내화를 신고 실내 운동을 할 수도 있으니 아이의 발 크기에 맞는 것으로 준비합니다.
물통	아이들이 쉽게 열고, 닫을 수 있는 물통을 준비하고 가방 옆 주머니에 넣을 수 있는 크기로 높이 20cm 이내가 적당합니다. 생수를 갖고 다닐 경우도 혼자 열고, 닫는 연습을 미리 충분히 해 둡니다.
우산	비 오는 날 우산에 시야를 가려 교통사고가 일어날 위험을 막고 보행상 안전을 위해 안과 밖이 다 보이는 투명 우산이 좋습니다.
네임 스티커	아이의 모든 소지품에는 이름을 붙여서 분실해도 찾을 수 있게 합니다. 이름 스티커를 충분히 준비해 교과서, 색연필, 풀, 가위 등 개인 물품에 모두 붙입니다. 학년 반이 표시된 것도 좋지만 이름만 있는 것을 준비해 두면 학년이 올라가도 사용할 수 있습니다.

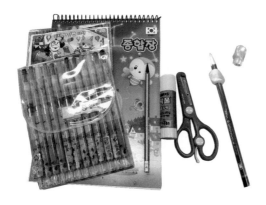

입학 전
건강 관리

입학 전 반드시 시력검사와 청력검사를 합니다

교실 뒤쪽에 앉았을 때 칠판에 쓰여 있는 내용이 잘 보이지 않거나 앞에서 설명하는 선생님 말씀이 정확하게 들리지 않으면 아이는 스트레스를 받게 됩니다. 특히 청력이 좋지 않으면 집중력이 떨어지고 주변을 두리번거리면서 교실 분위기를 어수선하게 만듭니다. 비염이나 중이염 증세가 있는 아이라면 입학 전에 치료하도록 합니다. 비염이나 중이염 때문에 휴지를 들고 왔다 갔다 한다면 친구들에게 방해가 될 것입니다.

예방접종 및 건강 상태 확인

학교 단체 생활을 시작하면 감염에 노출되기 쉬워서 몇 가지 예방접종을 의무화하고 있습니다. 초등학교에 입학하는 아이라면 만 4~6세에 받아야 하는 예방접종을 완료해야 합니다. 예비소집일에 배부되는 예방접종 안내 자료를 보고 예방접종 도우미 사이트(nip. kdca. go. kr)를 이용해 확인서를 제출하면 됩니다. 비염이나 아토피와 다른 만성 질환으로 약을 먹고 있거나 치료받고 있는 경우, 소아 당뇨나 선천적인 질병이 있어서 관리가 필요한 경우, 아이가 단체생활을 할 때 주의해야 할 특이사항이 있는 경우는 담임 선생님께 미리 알리도록 합니다.

ADHD(주의력결핍과잉행동장애), 틱장애, 학습장애, 분리불안

요즘은 ADHD(주의력결핍과잉행동장애), 틱장애, 학습장애, 분리불안을 겪는 아이들이 꽤 많습니다. 틱장애가 있는 경우에는 코를 킁킁거리거나, 습관적으로 기침을 하는 여러 반복적 행동을 보입니다. 분리불안이 있는 경우 새로운 환경에 노출되면 불안 증세가 더 심해지는 경향이 있으므로 입학 뒤 아이가 적응할 때까지 부모님은 아이의 정서 상태를 세심하게 살펴야 합니다. 불안장애가 있는 아이의 긴장도는 보통 아이들보다 몇 배로 높습니다. 차분하고 편안한 마음으로 아이를 봐 주시고 자주 안아주시기 바랍니다. 그리고 담임 선생님께 정확하게 아이의 상태를 알려서 학교에서도 아이의 정서적 안정을 도울 수 있게 합니다.

정서장애는 조기에 진단하고 치료해야 합니다. 부모가 아이 상태를 객관적으로 인정하지 않아서 치료가 늦어진다면 아이는 학교생활에 적응하기가 더 어려워집니다. 아이가 정서상 어려움이 있는 게 확실하다면 입학 전이라도 빠른 진단과 치료가 이루어지도록 하는 것이 좋습니다. 또 아이가 말할 때 발음이 어눌한 경우에도 전문 기관에서 진단을 받아보길 권합니다.

기초체력 키우기

1학년 학생이 아침 일찍 일어나 학교에 가서 하루에 4~5시간씩 책상에 앉아 공부하는 것은 쉬운 일이 아닙니다. 특히 체력이 약한 아이라면 더욱 힘듭니다. 아이들은 힘들거나 지루하면 엎드려 있기도 하고 이리저리 돌아다니기도 합니다. 학교라는 새로운 환경에 적응하려면 체력관리가 필수입니다. 시간에 맞춰 골고루 식사하고 무엇보다도 일찍 자고 일찍 일어나는 습관을 길러야 합니다. 아이가 체력이 약하고 영양섭취까지 부족하면 제대로 성장할 수 없습니다.

체력관리를 위해 운동은 필수입니다. 학교에서 신체활동을 할 때 쉽게 지치지 않고, 달리기 정도는 거뜬히 해낼 수 있는 정도의 기초체력을 갖고 있어야 합니다. 시간과 비용을 절약할 수 있는 학교 방과 후 체육 프로그램을 활용하는 것도 좋습니다. 틈틈이 친구들과 함께 운동하는 시간을 가진다면 사회성을 기를 수도 있습니다. 특히 줄넘기는 시간과 공간의 제약이 적고, 자기에게 맞게 운동량을 조절할 수 있어서 기초 체력을 기르는 운동으로 추천합니다. 어릴 때 익힌 운동은 평생의 자산이 됩니다.

일찍 자고
일찍 일어나요

아침이면 스스로 일어나는 사람이 있고, 깨워 줘야 일어나는 사람이 있습니다. 어려서 스스로 일어나지 못하면 평생 누군가 깨워 줘야 합니다. 학교에 입학해 노력해야 할 첫 번째 일은 일찍 자고 스스로 일찍 일어나는 것입니다. 등교 시간은 대개 8시 30부터 8시 50분까지로 정해져 있습니다. 아이가 일찍 일어나지 않으면 아이도 부모님도 등교 준비에 쫓겨 정신이 없습니다. 아이를 깨우다 지쳐 화가 나기도 하고, 곤히 잠자는 걸 보면 안타까워 그냥 두다가 지각할까 봐 부랴부랴 깨우기도 하고, 아이가 늦어서 정신없이 나가면 혹시 사고가 날까 봐 걱정이 들기도 합니다. 1학년은 스스로 일찍 일어나 학교 갈 준비를 해야 합니다. 처음에 힘들었던 아이들도 조금만 연습하면 점차 습관을 들여 잘하게 됩니다. 아침에 스스로 일어나야 다른 일도 책임감 있게 해낼 수 있습니다.

Q. 아침에 아이가 늦게 일어났을 때는 어떻게 해야 할까요?

A. 도와주지 말고 지각하는 것을 지켜보아야 합니다.

"늦게 일어나니까 밥도 못 먹고 지각하잖아"라고 잔소리를 하거나 "그렇게 해서 너는 커서 뭐가 될래?"라는 말은 하지 말아야 합니다. 늦더라도 아이 스스로 학교 갈 준비를 하도록 기다립니다. 아이가 늦은 것에 지나치게 당황하고 있다면 안전을 위해 횡단보도를 건너는 것까지 지켜봅니다. 지각해서 선생님이나 친구들 앞에서 창피를 느낀 아이는 다음부터 지각하지 말아야겠다는 생각을 하게 됩니다. 만약 엄마가 밥을 떠먹이고 옷을 입혀서 후다닥 차에 태워 학교에 데려다주면, 아이는 다음에도 부모님을 믿고 늦게 일어날 것입니다. 늦은 것은 부모님 때문이 아니라 자기 자신 때문이라는 생각을 하고 지각에 대해 스스로 책임지게 해야 합니다.

10시 전에 일찍 잠자리에 듭니다

낮에 좋은 몸 상태를 유지하기 위해서는 전날 일찍 자야 합니다. 게임을 하거나 TV를 보다가 밤늦게까지 안 자는 아이들은 낮에 피곤하고 졸려 하품을 하고 엎드려 있거나 쉽게 짜증을 냅니다. 일찍 자는 습관은 아이의 신체 성장에도 중요합니다. 성장기 아이들은 충분한 영양을 섭취하고 운동하는 것도 중요하지만 성장호르몬이 나오는 시간에는 숙면해야 합니다. 10시 정도 잠자리에 들어야 밤 11시에서 새벽 2시 사이에 성장호르몬이 활발하게 분비되어 정상적인 성장이 이루어질 수 있다고 합니다. 또 잠은 뇌에 입력된 정보를 체계화하는 시간이기도 합니다. 충분한 수면은 판단력과 집중력, 기억력을 높이고 다음 날 활동을 위해 우리 몸을 준비시킵니다. 아이가 습관을 들일 때까지 가족 모두 함께 일찍 자고 일찍 일어나는 것을 실천하는 것이 좋습니다. 기상 시간을 정하고 알람시계를 맞춘 뒤 함께 잠자리에 듭니다. 아이가 알람시계에 맞추어 잘 일어나면 칭찬과 함께 안아주면서 하루를 시작하면 아이는 성취감을 느끼고 행복해할 것입니다.

학교에서 생활습관 형성을 위해 주마다 집으로 보내는 표입니다. 일찍 일어나기, 혼자 밥 먹기처럼 처음에는 한두 가지씩 실천해 보고 잘하면 하나씩 추가합니다.

(　　　　)는(은)　당당한 1학년 학생으로 내가 할 일은 스스로 합니다.							
요일	월	화	수	목	금	토	일
날짜	7	8	9	10	11	12	13
스스로 아침 일찍 일어나기							
스스로 아침밥 먹기							
책상에 앉아 큰소리로 책 읽기(3분)							
부모님께 존댓말 쓰기							
알림장 스스로 챙기기							
부모님 사인(한번)							

* 냉장고에 붙여 놓고 매일 매일 스스로 표시하고 월요일 가정통신문에 넣어 가져 옵니다.

* 잘 했어요 ○   *도움 받았어요 △

★ 위의 기본 생활습관 표를 학교에 따라 보내지 않으면, 집에서 직접 만들어서 활용하세요.

혼자
밥을 먹어요

공부하는 아이들에게 아침 식사는 특히 중요합니다. 탄수화물을 섭취해야 학습활동에 필요한 에너지를 얻을 수 있고 집중력도 생기기 때문입니다. 그래서 1학년 때부터 아침에 밥을 먹고 등교하는 습관을 들여야 합니다. 아침 식사를 제대로 하고 오지 않은 아이들은 수업에 집중하지 못하고 급식시간만 기다립니다. 또 엄마가 늘 먹여주는 아이는 급식시간에 식판만 멀뚱멀뚱 쳐다보고 있기도 합니다. 초등학교 1학년은 누가 먹여주지 않아도 스스로 먹을 수 있어야 합니다.

이 시기에는 바른 식습관 형성이 중요합니다. 초등학교 시기에 간편하게 해결할 수 있는 즉석식, 고열량 식품을 너무 많이 섭취하거나 심한 편식으로 영양 불균형이 이루어지면 성장이 제대로 되지 않고 비만 같은 성인병에 걸릴 수 있습니다. 가정에서도 건강하고 균형 있는 식단으로 아이들 식사를 준비해 주세요. 식사 시간은 15분에서 20분 정도로 정하고, 식판이나 접시에 밥과 반찬을 덜어서 스스로 다 먹을 수 있도록 합니다. 싫어하는 음식도 맛볼 수 있도록 조금이라도 먹는다는 약속을 정하는 게 좋습니다. 학교에서는 숟가락, 젓가락을 사용하므로 사용 방법을 미리 지도해 주시기 바랍니다.

Q. 아이가 잘 안 먹어서 어쩔 수 없이 떠먹여 줍니다. 어떻게 해야 할까요?

A. 아이가 잘 먹는 것 위주로 최선을 다해 준비해 주고, 절대로 먹여 주지 않습니다.

아이가 정해진 시간에 많이 먹지 않아도 그대로 둡니다. 엄마가 억지로 밥을 먹이면 엄마의 잔소리나 야단을 밥과 연결해 생각하게 되고, 식사에 대해 부정적으로 느끼게 됩니다. 또 먹는 양에 집착해서 억지로 먹이면 아이의 자율성을 해칩니다. 많이 먹지 않더라도 자율성을 해치지 않는 범위에서 아이 스스로 식사량을 정하고 하고 혼자 먹도록 지켜봅니다.

젓가락질 연습

유치원과 달리 초등학교에서는 급식 때 성인용 숟가락 젓가락을 사용합니다. 젓가락 사용이 서툰 아이는 숟가락으로만 먹거나 손으로 집어 먹기도 합니다. 젓가락을 잘 사용하려면 많은 관절과 근육이 움직이므로 사용 방법을 자세히 알아보고 지금부터라도 젓가락질 연습을 합니다. 놀이로 연습해도 좋습니다. 아이가 좋아하는 간식이나 과자를 그릇에 담아 놓고 젓가락으로 집어 먹도록 해 봅니다. 점점 과자의 크기를 줄여 나가면서 즐겁게 젓가락질 연습을 할 수 있습니다.

우유 먹기

3월에 우유 급식 신청을 받습니다. 급식으로 나오는 우유는 보통 1교시가 끝난 뒤 쉬는 시간에 먹습니다. 그런데 우유 급식을 신청한 아이 중에도 "배가 아파요", "머리가 아파요", "맛이 이상해요"라며, 여러 가지 이유로 우유를 먹지 않으려고 할 때가 많습니다. 부모님 생각에는 무조건 우유를 먹는 게 좋다고 여기지만 아이의 상황에 맞게 우유 급식 여부를 결정하시면 좋겠습니다. 또 3월 학기 초에는 우유갑을 열어 달라고 아이들이 선생님 앞에 와서 줄을 섭니다. 우유갑 말고도 생수병이나 급식에 나온 요구르트병을 따지 못해 선생님께 도움을 요청하는 아이들도 많습니다. 우유갑 여는 연습은 가정에서 몇 번만 해 보면 무리 없이 혼자 할 수 있으니 미리 연습하고 오면 좋습니다.

스스로
옷을 입어요

혼자 옷 입기 연습

　1학년은 스스로 입고 벗을 수 있도록 단추가 적거나 없는 옷, 쉽게 내리고 올릴 수 있는 고무줄 바지가 좋습니다. 벨트나 단추가 많은 옷은 급한 마음에 자칫 화장실에서 실수할 수 있기 때문입니다. 화려하고 예쁜 옷을 좋아하는 여자아이도 학교에서는 되도록 활동하기 편한 옷을 입는 것이 좋습니다. 단추나 지퍼가 있는 옷은 단추를 채우고, 지퍼를 여닫는 연습을 미리 해 보도록 합니다. 또 3월까지는 보통 두꺼운 외투를 입고 다니는데 학교에서는 의자에 걸고 양팔을 의자 안쪽으로 여미도록 하므로 집에서도 의자에 외투를 걸고 정리하는 연습을 해 봅니다.

　신발은 발 크기에 잘 맞고, 가벼우면서 신고 벗기 편한 운동화가 좋습니다. 또 끈이 풀어져도 혼자 묶지 못한다면 찍찍이 형태의 운동화를 신는 것이 좋습니다. 끈 달린 운동화를 신으려면 미리 스스로 끈 묶는 법을 연습하도록 합니다. 1학년은 따로 체육 시간이 없고, 통합 교과 시간에 수시로 바깥 활동을 합니다. 구두는 달리기 같은 신체활동을 할 때 불편하므로 되도록 운동화를 신고 다니도록 합니다. 슬리퍼나 크룩○ 같은 신발은 헐렁거리고 뛸 때 벗겨져 불편합니다. 간혹 겨울에 긴 부츠를 신고 오면 벗기 힘들 뿐만 아니라 신발장에 잘 들어가지 않기 때문에 학교에는 되도록 신고 오지 않도록 합니다. 또 값이 비싼 신발은 분실 위험이 있습니다. 신발이 분실되면 운 좋게 찾기도 하지만 찾지 못할 수 있습니다. 아이들이 마음껏 뛰어놀고, 활동하기 편한 운동화를 신고 다닐 수 있도록 해 주세요.

학교 현장에서

신발이 불편해 종일 고생한 아이

5월 어린이날 기념 '소 체육대회'가 열린 날, 반 남자아이 하나가 발목까지 올라오는 농구화 형태의 신발을 신고 왔습니다. 신발 끈을 제대로 묶지 못해 걸을 때마다 질질 땅에 끌리고 몇 걸음 못 가 수시로 조이고 또 조여야 했습니다. 발은 무거운 데다 끈이 계속 끌리더니 달리기를 하는 도중 결국 신발이 벗겨졌습니다. 아이는 즐거워야 할 운동회를 망치고 말았지요.

혼자
화장실에 가요

　배변 습관은 심리적인 영향이 커서 입학을 앞둔 부모님과 아이가 가장 고민하는 문제 가운데 하나입니다. 담임 선생님도 가장 세심하게 신경 쓰고 있는 부분으로 한 해에 한두 번은 화장실 문제로 실수하는 아이들이 꼭 생깁니다. 그래서 예비소집일에 부모님과 아이가 학교 구경을 할 때 화장실에도 꼭 한번 들러보기를 권합니다. 입학 뒤 학교 적응기에 화장실 교육이 자세히 이루어지지만, 입학식 다음 날이라도 곤란한 일이 생길 수 있으므로 미리 화장실을 둘러볼 필요가 있습니다.

　학교 수업은 40분 수업에 10분 쉬는 시간으로 이루어지며 1학년은 쉬는 시간이 아니더라도 언제든지 화장실에 보내 주는 게 보통입니다. 아이에게 수업 중에라도 급할 때는 화장실에 갈 수 있다고 꼭 일러주고 가정에서도 소변 습관을 점검하고 연습하도록 합니다.

대변은 되도록 집에서 해결하는 습관을 갖도록 합니다. 학교에서 대변을 보지 못하는 아이들이 생각보다 많습니다. 이 문제가 해결되지 않으면 아이는 불편한 상태로 내내 학교에 머물러야 해서 많이 힘들어합니다. 집에서 해결하면 좋겠지만 급하면 학교에서도 대변을 볼 수 있고, 쉬는 시간이 아니어도 다녀올 수 있다고 알려 줍니다. 집이 아닌 곳에서 대변을 보는 것이 어려운 아이들은 집이 아닌 다른 장소에서도 기회가 되는대로 용변을 보는 경험을 해 보는 것도 좋습니다. 그리고 대변을 보고 나서 휴지를 적당량 잘라 스스로 뒤처리하는 법을 연습합니다. 가정에서는 비데를 이용하거나 엄마의 도움을 받고 해결할 수 있지만, 학교에서는 혼자 힘으로 뒤처리까지 해야 합니다.

　언제라도 화장실에 갈 수 있지만 수업에 방해될 수도 있고 수줍어 말을 못 하는 아이들도 있어서 학급에서는 화장실 약속을 정해 둡니다. 예를 들어 검지와 중지로 V(브이)를 표시하든가, 교실 뒤쪽에 있는 화장실 카드를 선생님께 보여 주고 화장실에 가는 겁니다. 혹시 옷에 실수했더라도 당황하지 말고 선생님께 이야기하면 된다고 알려 주세요. 직장에 다니는 엄마라면 3월 한 달 정도는 팬티, 양말, 바지를 가방에 넣어주는 것도 좋은 방법입니다.

자기 물건은
스스로 정리해요

정리정돈을 잘해야 학교생활이 쉬워집니다

학교생활을 잘하기 위해서는 학교 갈 준비도 스스로, 학교에 가서도 자기 일을 스스로 알아서 해야 합니다. 유치원에서는 어려움이 있을 때 선생님이 해결해 주는 경우가 많았으나 초등학교는 학급당 학생 수도 많고 교과 시간에 배워야 할 학습 내용도 많아서 스스로 해야 할 일이 많이 있습니다.

정리정돈을 잘하는 아이는 학교에서 이루어지는 모든 활동에 어려움이 적고 쉽게 적응합니다. 정리정돈하는 습관을 미리 익히지 못한 아이는 당황하고 쩔쩔매느라 무엇을 배우는지, 무엇을 해야 하는지 모르고 그냥 시간만 보내다가 집으로 가게 됩니다. 수업이 시작되어 수학책을 꺼내라고 하면 그제야 허둥지둥 책을 찾는 아이들이 있습니다. 책이 없어졌다면서 서랍을 온통 뒤지다 뒤죽박죽으로 책상 위에는 온갖 물건들이 올라와 있습니다. 심지어 책을 찾는다고 이리저리 돌아다니기까지 합니다. 그러면 수업을 더 진행하지 못합니다.

이는 가정에서 기본 생활습관을 익히지 못했기 때문입니다. 가정에서 자기 물건을 스스로 정리정돈하지 않던 아이는 학교생활이 힘들고 즐겁지 않게 됩니다. 아이가 서툴고 어리다고 해서 무엇이든 다 해 주어서는 안 됩니다. 정리정돈이 잘 안 되는 아이들은 입학을 앞둔 지금부터라도 연습해야 합니다. 정리하는 방법을 알려 주고 아이가 노력하는 모습을 보이면 칭찬하고 격려하며 정리정돈 습관을 익히도록 지켜보아야 합니다.

입학하고 나면 자기 일을 스스로 하는 아이와 어떻게 해야 할지 모르는 아이가 서로 다른 모습으로 학교에 적응해 나갑니다. 그러다가 시간이 지날수록 점점 격차가 벌어지고 나중에는 큰 차이를 보이게 됩니다. 아이가 책을 많이 읽고 영어를 잘하고, 구구단을 외운다고 해도 정리정돈하는 습관이 바르게 형성되어 있지 않다면 선생님께 지적을 받을 것이고 학교가 싫어질 수도 있습니다. 초등학교 1학년 때 정리정돈 습관을 익히지 못하고 학년이 올라가면 더 힘들어집니다. 만약 고학년이 제대로 정리를 못하면 주변 친구들과 비교해 자신감이 떨어지고 자존감도 낮아집니다.

정리정돈하는 습관을 익히기 위해 온 힘을 기울여야 합니다

아이마다 발달 수준이 달라서 정리정돈을 익히는 데에도 차이가 있습니다. 1학년이 지나가는데도 정리를 잘하지 못하는 아이는 2학년 때 계속 노력해야 하고 부모님은 기다려 주어야 합니다. '공부가 중요하니 내가 다 해 주마. 너는 공부만 해라'라는 태도는 아이를 망치는 지름길입니다. 어른이 되어서도 모든 일을 부모님께 의존하는 자식으로 키우고 싶지 않다면 지금부터 생각을 바꾸고 아이가 기본 생활습관을 익히는 데 함께 노력해야 합니다.

에릭슨의 도덕성 발달 이론에 따르면 초등학교 시절(7~12세)은 '근면감 대 열등감' 단계라고 합니다. 이 시기 아동은 세계가 확대되면서 집 밖의 영향력이 커집니다. 다른 사람에게 인정받고 과제를 완수하면서 즐거움을 얻기 위해 근면성이 작용합니다. 이것은 주로 부모, 교사의 태도에 따라 결정되는데 칭찬이나 긍정적인 태도의 강화는 근면성을 길러준다고 합니다. 반대로 지적과 비난, 거부는 열등감을 발달시킵니다.

정리정돈, 배우고 익히면 됩니다

먼저 책상, 학용품, 책, 장난감, 옷 정리를 배웁니다. 부모님이 알려 주고 스스로 하는 모습을 잘 지켜본 뒤, 부족한 부분만 도와줍니다. 너무 정리할 것이 많으면 아이가 힘들어할 수 있으니 아이 방에서 꼭 필요한 것만 남기고 물건의 가짓수를 줄이는 것도 좋습니다. 옷장, 서랍, 책상에 각각 있어야 할 물건의 목록을 붙여 놓으면 정리가 쉬워집니다. 아이가 정리한 게 마음에 들지 않아도 아이 보는 앞에서 부모님이 다시 정리하지 않습니다. 처음부터 완벽하게 잘하기를 기대하기보다는 어설프더라도 하나씩 해내려고 노력하는 모습을 칭찬해 주세요. 아이 공부가 급하다고,

46

숙제해야 한다고 엄마가 대신해 주는 일은 없어야 합니다. 누가 해 줄 거라는 생각이 들면 스스로 정리하겠다는 마음이 사라집니다.

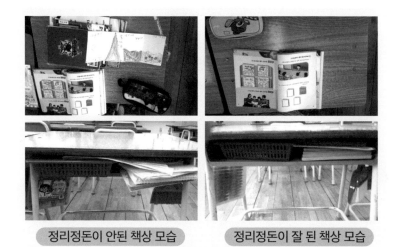

정리정돈이 안된 책상 모습   정리정돈이 잘 된 책상 모습

날마다 엄마를 달고 사는 아이

아이가 물건을 아무 데나 놓아서 찾지 못하고 엄마를 찾는다면, "넌 물건을 어디에다 두고 맨날 찾는 거니?"라고 화내지 말고 "엄마가 지금 바쁜데, 어디 두었는지 네가 잘 찾아볼래?"라고 하면서 그냥 지켜봅니다. 물건을 못 찾고 학교에 가지고 가지 못해서 선생님께 혼이 난다 해도 엄마는 찾아주지 않아야 합니다. 그래야 아이는 자기 물건을 소중히 여기고 제자리에 두는 습관이 듭니다.

한글은 꼭 알고
입학합니다

Q. 한글은 얼마나 알고 학교에 가야 하나요?

A. 80% 정도는 이해하고 간단한 그림책을 읽을 수 있어야 합니다.

한글을 완벽하게 알지 못하더라도 받침 없는 글자, 홑받침 글자를 읽고 쓰는 정도는 익혀서 입학하는 것이 좋습니다. 한글을 알고 학교에 들어온 아이는 대개 자신감이 있고 의욕적이나 한글을 모르고 온 아이는 학교생활이 조금 힘든 게 사실입니다. 예민한 아이 같으면 학교생활 하나하나가 힘겨운 장애물로 느껴질 수도 있습니다. 한글을 안다면 쉽게 넘어갈 것도 한글을 모르면 긴장하기도 하고 옆 사람을 따라 하느라 이리저리 눈치를 보기도 합니다. 3월 한 달은 적응 활동 기간이지만 이때에도 동화책 읽기, 알림장 읽기, 노래 부르기 같은 모두 한글을 기반으로 하는 활동이 이루어지기 때문에 한글을 모르는 아이들은 위축되기 쉽습니다.

2022년 교육과정이 개정되면서 문해력과 한글 해득을 위해 1학년 국어 시간 수가 34시간 증가하였습니다. 국어만 놓고 보면 1학년 1학기 교과 시간 대부분이 자음과 모음을 익히고 낱말을 이해하는 것에 있습니다. 하지만 3월 적응 기간이 끝나고 4월부터 본격적인 수업이 이루어질 때 수학이나 통합 교과의 다른 교과 수업은 처음부터 한글을 알아야 이해가 가능한 긴 문장이 꽤 나옵니다. 한글 공부가 부족한 아이는 교사나 보조교사가 일일이 설명해 주어야 하는데 현재의 학교 상황으로는 아이들 한 명한 명에게 충분한 도움을 주기 어렵습니다.

2학기가 되면 한글을 다 익혔다고 가정하고 일기 쓰기가 시작됩니다. 문장을 쓰는 것은 한글 단어를 읽고 쓸 줄 아는 것보다 훨씬 높은 수준의 능력을 요구하기 때문에 한글을 잘 읽는 아이들도 문장 쓰기는 힘들어합니다. 겨우 한글을 읽는 수준의 아이라면 1학년 여름방학 동안 한글을 완성하도록 합니다. 그래서 입학 전에 최소한 아기, 나비, 오이 같은 받침없는 간단한 낱말을 읽을 수 있는 정도로, 가능하다면 쉬운 동화책을 혼자 소리 내어 읽으면서 어느 정도 이해할 수 있는 수준으로 한글을 익히길 권합니다.

Q. 한글을 처음에는 어떤 방법으로 가르치는 것이 좋나요?
A. 낱말카드로 통글자를 익히고 외우는 방법, 기본음절표를 이용하는 방법 둘 다 좋습니다.
한글은 집 안 곳곳에 있는 가구나 물건들에 이름표를 붙여 놓고 통글자로 익히는 방법이 있습니다. 여러 가지 낱말카드를 준비해 분류하거나 공통점을 찾는 놀이는 한글을 배우는 좋은 방법입니다. 예를 들어 '아'가 들어간 글자 찾기, '어'가 들어간 글자 찾기, 또는 두 낱말카드에 공통으로 들어간 글자를 찾아보고 전체 글자를 다시 한번 읽게 합니다.

통글자를 어느 정도 익히면 자음과 모음이 만나서 글자가 만들어지는 원리, 'ㄱ'+'ㅏ'는 '가'가 되는 식으로 기본음절표를 이용하는 방법도 있습니다. 통글자로 글을 익히는 방법과 자음과 모음이 만나서 글자가 만들어지는 원리를 이용해 글을 익히는 방법, 둘 중에 아이가 좋아하는 방법 어느 것이든 진행하면 됩니다.

같은 글자 배열 찾아보기

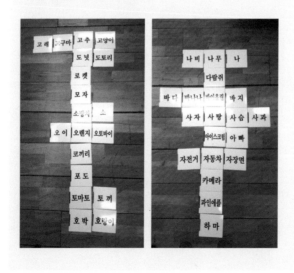

자음 모음 가림판은 보드마커로 글씨를 쉽게 지우고 다시 쓸 수 있어 편리한 학습도구입니다.

한글과 친숙해지는 가장 좋은 방법은 부모님과 함께 책을 읽는 것입니다

아이가 좋아하는 쉬운 동화책을 골라 함께 읽어 보세요. 아이가 읽고 싶어하는 책을 가지고 오면 처음에는 그냥 읽어 주고, 다음에는 손가락으로 짚어가며 글을 읽습니다. 《민들레는 민들레》, 《말놀이 동요집》 같이 글자 수가 적고 반복되는 글자가 많이 나오는 동화책을 읽어 주면 더 좋습니다. 여러 번 읽다 보면 소리로 암기하게 되고, 글자에 소리를 대응시키면서 글을 깨치게 됩니다.

간단한 동요나 동시를 외우는 것도 좋은 방법입니다

동요 사이트와 연결하여 보름달, 비행기 같은 동요를 크게 써서 한 구절 한 구절 노래를 부르고 외우며 글자를 익히는 것도 좋습니다. 짧은 동시를 활용해도 좋습니다.

보름달

달 달 무슨 달
쟁반같이 둥근달
어디 어디 떴나?
남산 위에 떴지

비행기

떴다 떴다 비행기
날아라 날아라
높이 높이 날아라
우리 비행기

나비야

나비야 나비야
이리 날아오너라
호랑나비 흰나비
춤을 추며 오너라
봄바람에 꽃잎도
방긋방긋 웃으며
참새도 짹짹짹
노래하며 춤춘다

곰 세 마리

곰 세 마리가
한집에 있어
아빠곰 엄마곰 애기곰
아빠곰은 뚱뚱해
엄마곰은 날씬해
애기곰은 너무 귀여워
히쭉히쭉 잘한다

얼룩송아지

송아지 송아지 얼룩송아지
엄마 소도 얼룩소 엄마 닮았네

송아지 송아지 얼룩송아지
두-귀가 얼룩 귀 귀가 닮았네

사과 같은 내 얼굴

예쁘기도 하구나
눈도 반짝
코도 반짝
입도 반짝반짝
오이 같은 내 얼굴
길기도 하구나
눈도 길쭉 귀도 길쭉
코도 길쭉 길쭉
호박 같은 내 얼굴
우습기도 하구나
눈도 둥글 귀도 둥글
입도 둥글 둥글

개구리와 올챙이	우리 모두 다 같이
개울가에 올챙이 한 마리 꼬물꼬물 헤엄치다 뒷다리가 쑥 앞다리가 쑥 팔딱팔딱 개구리 됐네 꼬물꼬물 꼬물꼬물 꼬물꼬물 올챙이가 뒷다리가 쑥 앞다리가 쑥 팔딱팔딱 개구리 됐네	우리 모두 다 같이 손뼉을 우리 모두 다 같이 즐거웁게 노래해 우리 모두 다 같이 손뼉을 우리 모두 다 같이 어깨를 우리 모두 다 같이 즐거웁게 노래해 우리 모두 다 같이 어깨를 우리 모두 다 같이 엉덩이(*2) 우리 모두 다 같이 즐거웁게 노래해 우리 모두 다 같이 엉덩이 우리 모두 다 같이 두 손을(*2) 우리 모두 다 같이 멋지게 인사해 우리 모두 다 같이 두 손을

Q. 우리 아이가 혹시 난독증은 아닐까요?

A. 한글 배우기를 유난히 힘들어한다면 검사를 받아보는 것도 좋습니다.

한글을 모르고 입학해도 6개월 정도 한글 공부를 하면 대부분 읽기가 가능해집니다. 그런데 한 학기가 지났는데도 한글을 잘 배우지 못하고 유난히 읽기를 힘들어하거나, 글에 대한 이해력이 떨어지는 경우라면 병원이나 언어치료센터에서 검사를 받아보는 것도 좋습니다. 대부분 난독증이나 선천적으로 인지 능력이 떨어진 경우입니다.

제 자리에
앉아서 공부해요

3월 입학 적응기에는 조금 자유롭게 생활하기도 하지만 초등학교 수업은 대부분 40분 동안 책상에 앉아 진행됩니다. 학부모님과 상담을 하다 보면 처음 학교에 다니게 된 아이들이 집에 돌아가 머리가 아프다고 하거나 힘들다고 짜증을 부리기도 한답니다. 왜 그런지 살펴보면 유치원과 달리 학교에서는 좋든 싫든 꽤 긴 시간 동안 자리에 앉아 있어야 하는 것이 그 이유 중 하나라는 것을 알게 됩니다.

유치원에서 자유롭게 돌아다니거나 바닥에 앉아서 생활하던 아이들이 40분씩 자리에 앉아 수업하는 것은 꽤 힘든 일입니다. 그래서 하품을 하고, 몸을 비틀거나, 일어나 돌아다니고, 바닥에 드러눕기까지 합니다. 볼일 없이 화장실에 들락거리다가 선생님의 지적을 받기도 하고, 그러다 보면 할 일을 제대로 마무리하지 못하고 수업이 끝나기도 합니다.

그래서 초등학교 입학하기 전에 책상 앞에 앉아 있는 연습이 필요합니다. 우선 아이가 한자리에 앉아서 집중하는 시간이 얼마나 되는지 관찰해 봅니다. 처음부터 책을 읽거나 공부를 시키기보다는 식탁이나 거실 책상에 앉아 퍼즐 맞추기, 블록 놀이, 그림 그리기 같은 좋아하는 활동을 하는 것이 좋습니다.

책상에 앉을 때는 허리를 반듯하게 펴고 엉덩이를 의자 안쪽으로 당겨서 바른 자세로 앉습니다. 20분 정도 앉아 있는 연습을 하는 데 처음부터 20분이 힘들다면 5분, 10분, 시간을 점차 늘려가며 익숙해지도록 합니다. 목표 시간 동안 잘 앉아 있으면 간식이나 놀이 같은 적절한 보상을 주는 것도 효과적입니다.

큰소리로
인사해요

인사는 모든 예절의 기본이고 만남의 시작입니다

제가 맡은 학급은 날마다 아침 인사로 하루를 시작했습니다. 등교하면 인사를 나누기 위해 선생님 책상 옆 발바닥 모양이 있는 자리에 와서 섭니다. 처음에는 쑥스러운지 작은 목소리로 인사하던 아이들도 시간이 지나면 점점 목소리가 커지고 부끄러운 표정도 사라집니다. 선생님은 인사를 하면서 아이의 표정을 살피고 대화도 나눕니다. 기운이 없어 보이면 어디가 아픈지 물어보기도 하고, 유난히 밝은 얼굴이면 무슨 좋은 일이 있는지 묻기도 합니다.

인사는 기회가 될 때마다 여러 번 해 봐야 습관이 됩니다

초등학교 1학년 아이들 중에는 인사를 쑥스러워하는 아이들이 꽤 많습

인사하는 자리

니다. 선생님을 봐도 은근슬쩍 피하거나 멀뚱멀뚱 쳐다보고만 있는 것은 인사하는 습관이 몸에 배지 않아서입니다. 때로는 너무 작은 목소리로 인사하기도 하는데 목소리가 들리지 않으면 인사를 받은 사람이 제대로 응대할 수 없습니다. 큰 소리로 바르게 인사하는 습관은 하루아침에 생기지 않습니다. 입학을 앞둔 아이에게 학교에 가면 선생님과 친구들을 만났을 때 인사해야 한다는 것을 알려 주고 가정에서부터 인사를 나눠 보세요. 부모님이 먼저 인사하는 모습을 보여 주는 것도 좋습니다. 아직 인사가 서툴고 수줍은 아이에게 빨리 인사하라고 재촉하기보다는 "엄마랑 같이 인사하자" 하고 함께 인사를 합니다. 경비아저씨, 이웃 어른, 친척과 주위 사람들을 만날 때마다 인사를 하며 자연스러운 일상이 되도록 합니다. 가정에서도 현관 앞이나 일정 장소에 인사하는 자리를 마련해 두면 좋습니다.

잘 듣고 분명하게
자기 생각을 말해요

말하기를 잘하려면 먼저 잘 들어야 합니다. 최근 TV나 휴대전화의 발달은 생활에 큰 변화를 가져 왔지만, 아이들의 듣기 능력에 부정적인 영향을 미친 것도 사실입니다. 잘 듣는 아이들은 집중력이 좋아서 수업 태도가 바르고 학업 성취도 높은 편입니다. 경험으로 볼 때 남자아이가 여자아이보다 듣기 능력이 다소 떨어지는 경향이 있습니다. 남자아이를 자녀로 둔 가정이라면 전달 내용을 한 번 더 확인하는 것이 좋습니다. 또 날마다 책을 읽어 주어서 아이가 듣기를 꾸준히 연습하도록 합니다.

울면서 말하는 습관을 버려요

3월 입학과 함께 처음 다니게 된 학교는 아이들에게 긴장되고 낯선 공간입니다. 교사가 아이들을 세심하게 본다고 해도 한 학급에는 많은 아이가 있어서 아이 하나하나 모든 것을 살피기는 힘듭니다. 그래서 아이들은 자신이 도움을 받아야 하는 경우 적극적으로 분명하게 말을 해서 교사에게 도움을 청할 수 있어야 합니다.

한창 수업을 하고 있는데 누군가 운다고 할 때가 있습니다. 수업을 멈추고 아이에게 다가가 물어도 말없이 눈물만 뚝뚝 흘리고 있습니다. 친구랑 싸웠냐고 선생님이 상황을 물어도 우느라고 무슨 일이 있었는지 제대로 대답을 못 하기도 합니다. 하고 싶은 말이 있어도 속상한 마음을 진정하지 못해 울기만 하는 거지요. 말하고 싶을 때 와서 이야기해 달라고 기다리면 잠시 뒤 아이는 울음을 그치고 다가옵니다. 울면 엄마든 누군가 다가와 마음을 알아 주고 문제를 해결해 주는 경우 아이는 스스로 문제 해결을 하지 못하는 아이가 되는 것이지요.

학기 초에는 누가 울면 큰일이라도 난 듯 아이들은 우르르 달려가서 관심을 가지지만 우는 것이 되풀이되면 저 친구는 맨날 운다고 대수롭지 않게 여기게 됩니다. 원하는 것을 얻기 위해 울음으로 감정을 표현하던 유아기 습관이 남아 있다면 아이가 울음 대신 분명한 말로 생각과 감정을 표현할 수 있도록 가정에서도 지도해야 합니다. 우선 감정을 추스르도록 기다려 주고, 왜 서운하거나 화가 났는지, 또는 무엇이 불편했는지 스스로 말할 수 있도록 도와줍니다.

큰소리로 완성형 문장으로 잘 들리도록 말해요

자기 의견을 분명히 말하려면 완성형 문장으로 말하도록 합니다. 아이들 중에는 온전한 문장이 아니라 단어로만 의사를 표현하는 경우가 더러 있습니다. "엄마, 밥", "나, 우유" 같은 말투 대신 "엄마, 우유 먹고 싶어요"라고 분명하게 문장으로 말하는 연습을 해야 합니다. 아이가 낱말로 이야기할 때는 반응하지 않다가 온전한 문장으로 말할 때 적극적으로 반응한다면 자연스럽게 습관을 들일 수 있을 것입니다.

지나치게 목소리가 작거나 발음이 정확하지 않나면 적당한 크기의 목소리로 상대가 분명히 알아들을 수 있게 말하는 연습을 합니다. 하지만 목소리가 작다고 번번이 지적하거나 다시 해 보라고 독촉하면 아이는 더욱 자신감이 없어집니다. 아이가 작게 말해도 미리 알아서 해 주기보다는 큰소리로 분명히 말할 때 적극적으로 반응하면 아이는 정확하고 분명히 말하기 위해 계속 노력할 것입니다. 수줍음이 많은 아이는 일부러 심부름을 시켜 다른 사람과 말할 기회를 만들거나, 여러 사람과 교류하고 접촉하는 경험을 많이 하는 것이 좋습니다. 그리고 날마다 한 권씩 그림책을 큰소리로 책읽기를 하여 목소리 크기와 발음을 분명하게 연습하는 것도 많은 도움이 됩니다.

발표 연습으로 말하기를 훈련해요

발표는 성취감을 느낄 좋은 기회입니다. 발표하고 칭찬까지 들었다면 아이는 자신감이 늘고 자존감도 높아질 것입니다. 아이가 머뭇거리는 사이에 부모님이 대신 말을 해 주었다면 학교에 가서 발표할 기회가 주어져도 머뭇거리다가 결국 기회를 놓칠지 모릅니다. 고개만 끄덕이거나 "네",

"아니오"라고만 하지 말고 평소에 정확한 문장으로 말하는 연습을 합니다. 부모님도 아이가 "엄마, 물 주세요"하면 "응"이 아니라 "그래, 물 줄게 기다려라"라고 문장으로 말하는 습관을 보여 주세요.

평소 가족 사이에 대화 시간을 많이 가지고 아이들이 뭔가 말할 때는 경청하고 공감해 주어야 합니다. 그러면 아이는 존중받고 있다고 느끼고 자신의 의견을 말하는 것을 주저하지 않을 것입니다. 뭔가 사달라거나 들어주기 힘든 요구를 하더라도 단번에 잘라 안 된다고 하지 말고, "그래, 엄마 아빠가 좀 더 생각해 볼게"라면서 결정을 뒤로 미루고 아이들 의견을 수용하는 자세를 보여 주어야 합니다. 아이는 어렵게 의견을 말했는데 거절당하는 경험이 쌓이면 점점 부모님과 대화하고 싶어 하지 않게 됩니다.

모든 아이는 희망을 틔우는 작은 씨앗입니다. 좋은 환경에서 물과 거름을 주고 잘 보살펴야 건강하고 온전하게 자라납니다. 말하기와 듣기는 타고나는 재능이 아니라 생활 속에서 칭찬과 격려를 거름으로 키워지는 능력입니다.

안전한 등하교

학교는 걸어서 다닙니다

공립초등학교는 집 가까이 있는 학교로 배정받기 때문에 특별히 몸이 불편한 학생이 아니라면 걸어서 통학하도록 합니다. 안전한 등하교를 위해 부모님이 아이 손을 잡고 산책하듯 학교 가는 길을 입학 전 미리 체험해 보는 것이 좋습니다. 학교 가는 길이 여러 방법이라면 가장 안전한 길 하나만 알려 줍니다. 그래야 혹시 아이와 만나야 할 때 엇갈리지 않게 됩니다. 지름길이더라도 차량 통행이 너무 잦은 곳과 으슥한 골목길은 피하고, CCTV가 있는 곳으로 다니게 합니다. 또 보도블록이 있는 인도로 다니게 하고 반대편에서 오는 사람들과 부딪히지 않게 우측 보행도 알려 줍니다. 혹시 휴대전화가 있는 아이라면 걸으면서 휴대전화를 보지 않도록 지도합니다.

함께 통학할 수 있는 친구가 생기면 만나서 같이 다녀도 좋지만, 하교 뒤 연락 없이 친구들과 어울려 놀다가 집에 오는 시간을 넘기면 집에서 걱정하게 된다는 것도 미리 알려 줍니다. 등하굣길에 군것질, 게임 같은 다른 데 정신이 팔려 약속한 시각을 넘기지 않도록 주의를 줍니다. 또 낯선 사람은 절대로 따라가지 않도록 신신당부하는 것도 잊지 말아야 하겠습니다.

부모님과 함께 등교하는 것은 보통 입학 뒤 일주일 정도면 되고, 안전상 문제가 없다면 길어도 한 달이면 충분합니다. 처음에는 교문 앞까지 데려다주고, 다음에는 횡단보도 건너는 곳까지, 그다음은 집 앞 골목 입구나 아파트 1층까지 데려다주며 점차 아이 혼자 통학하도록 지도합니다. 아이 스스로 통학하더라도 정해진 보호자가 있어서 항상 안전한 등하교를 확인해야 합니다. 학교에서 운영하는 등하교 안심 알리미 서비스를 신청하는 것도 도움이 될 것입니다.

분리불안이 심한 경우

충분히 학교 가는 길을 체험해 보았는데도 아이가 불안해하고 부모님과 떨어지지 않으려고 하는 아이도 있습니다. 입학 초기 종종 있는 일입니다. 그럴 때는 꼭 안아주면서 아이의 불안한 마음을 헤아리고 기다려 주어야 합니다. 부모님이 아이를 문제아처럼 바라보고 이해해 주지 않으면 아이 마음은 두 배로 힘듭니다. 유난히 경계심이 많아서 그런 것이므로 아이가 받아들일 때까지 동행해야 합니다. 분리불안이 심한 아이는 담임 선생님께 말씀드리고 처음에는 교실까지 데려다주어도 됩니다. 점차 아이가 편안해지면 복도, 교문, 횡단보도 순으로 조금씩 범위를 넓혀 스스로 등교할 수 있게 합니다.

자가용으로 등교하지 않습니다

아프거나 다쳐서 걷기 불편한 경우가 아니라면 아이를 교문 앞까지 차로 데려다주는 것은 삼가도록 합니다. 전교 학생들이 등교하는 시간에 교문 앞은 매우 혼잡합니다. 녹색 어머님들이 아이들의 안전을 위해서 등하교 지도를 해 주시지만, 교문 앞에 차가 정차하면 다른 아이들의 등굣길에 방해가 됩니다. 차로 교문까지 등교하는 것은 다른 아이들에게 피해를 주는 일일 뿐 아니라 아이 스스로 해야 할 일을 막는 것입니다. 아이 스스로 씩씩하게 걸어서 학교에 갈 수 있도록 지켜봐 주세요.

2장

3월,
입학 적응기가
1년을 좌우한다

초등학교 1학년은
학교생활에 잘 적응하는 것이
가장 중요합니다

3월은 학교생활의 시작이자 입학 적응기입니다. 이 기간에는 본격적인 수업을 하기 전에 학교생활에 대한 전반적인 안내를 받고 교과수업을 시작하기 위해 준비합니다. 교실의 위치를 알아보고 자신이 앉을 자리와 짝꿍을 정하고 번호가 부여됩니다. 이어서 자기소개도 하고 줄 서기를 비롯해 학교에서 지켜야 할 기본 규칙들도 배웁니다. 입학 적응기를 잘 보내야 학교에서 보내는 처음 1년을 순조롭게 지낼 수 있습니다.

요즘 아이들은 대부분 방과 후 수업이나 학원에 가느라 수업이 끝나도 바쁘게 움직입니다. 하루에 서너 군데 학원에 다니는 아이도 있습니다. 이렇게 많은 일정을 모두 소화하면서 학교생활까지 잘하면 괜찮지만 그렇게 하는 건 쉽지 않습니다. 69쪽의 예로 든 '무엇을 할지 모르는 ○○○'처럼 무엇을 해야 하는지 모르는 아이가 3월부터 바쁜 일정대로 움직인다면 어떻게 될까요? 3월 입학 적응기에는 기본 생활을 점검하고 올바른 생활습관을 익힐 수 있도록 시간과 노력을 들여야 하는데 그럴 여유가 없습니다. 가라고 하니까 학교에 왔고, 수업이 끝나면 또 어딘가 가라는 곳으로 갈 겁니다. 초등학교 1학년 시기는 무엇보다 학교생활을 스스로 해내는데 힘써야 합니다.

스스로 하는 ○○○

8시 30분에 등교해서 하루 준비를 차근차근 시작합니다. 선생님께 인사하고 가방을 열어 가정통신문을 제출하고, 독서장을 검사받고, 칠판에서 오늘 할 일을 확인합니다. 가방은 사물함에 정리해 놓고 스스로 맡은 학급 봉사인 일기장을 나누어 주거나 아이들 책상에 우유를 가져다 놓은 뒤 자기 자리에 앉아서 오늘 할 일을 합니다.

무엇을 해야 하는지 모르는 ○○○

수업은 9시에 시작인데 8시 55분에 헐레벌떡 들어옵니다. 그런데 그대로 가방을 멘 채 친구랑 떠드느라 정신이 없습니다. 다른 아이들은 조용히 책을 읽거나 아침에 할 일을 하며 1교시 수업을 준비하는데 선생님이 이름을 불러도 떠드는 것을 멈추지 않습니다. 선생님이 다가가 다시 말하자 자리에 앉기는 했는데 무엇을 해야 하는지 모릅니다. 가방 정리도 하지 않았고 교과서도 준비되어 있지 않습니다.

학교 공부가 제대로 되지 않는 아이에게 학교 밖 공부는 큰 의미가 없습니다

어떤 부모님은 아이가 학교에서 당연히 열심히 공부하겠거니 생각하고 학교 밖 공부에 더 신경을 씁니다. 그런데 1학년은 집중할 수 있는 시간이 정말 짧아서 공부는 학교 수업으로도 충분합니다. 공부를 더 하더라도 간단한 복습과 책읽기 정도면 됩니다. 초등학교 1학년은 즐겁게 학교생활을 하는 데 초점을 맞추어야 합니다. 학교에서 하는 공부가 즐겁고 더 배우고 싶다는 생각이 들어야 합니다. 학교 공부도 제대로 하지 않으면서 학교 밖에서 사교육과 방과 후 교육으로 지치고 힘든 시간을 보내는 아이는 교실에서 성실하게 공부하지 않습니다. 겉으로는 많이 배워서 잘할 것처럼 보이지만 학교에 와서는 학교는 쉬는 곳이고, 학교 공부는 대충한다는 생각으로 등교하는 예도 많습니다.

학교 교과만 공부해도 집에서 할 일이 너무 많습니다

국어는 관련 책을 읽으며 배운 교과수업을 다져야 하고, 수학은 학교에서 배운 단원을 복습하고 얼마나 이해했는지 확인 학습을 해야 합니다. 통합 교과도 배운 주제와 관련된 학습 범위가 무궁무진합니다. 예를 들어 〈사람들〉 단원을 배웠다면 주제에 맞는 책을 읽고, 체험학습을 하기에도 시간이 모자랍니다. 교과 주제로 읽을 책은 손가락으로 꼽을 수 없을 만큼 많습니다. 이렇게 교과 공부를 확장해 집에서 탄탄히 다지며 익힌 아이들은 수업 시간이 기다려지고 선생님 말씀 하나하나를 놓치지 않습니다. 발표도 적극적이어서 그만하자고 해도 손을 번쩍 들며 발표하겠다고 난리입니다. 그러나 이곳저곳 학원을 다니다가 지쳐서 집에 가는 아이는 절대로 이런 공부를 할 수 없습니다.

공부는 배우고 익혀야 실력이 됩니다

1학년 때 도와야 할 게 있다면 아이 스스로 공부할 수 있도록 하는 것입니다. 또 아이가 즐겁게 학교생활을 하고 공부에 대해 긍정적인 태도를 가질 수 있도록 도와야 합니다. 무엇보다 1학년이 갖추어야 할 기본 생활 습관이 몸에 배도록 지켜보고 연습할 수 있게 합니다.

이것저것 배운다고 실력이 늘지는 않습니다. 배우는 것이 중요한 게 아니라 하나라도 제대로 알아야 진짜 실력이 됩니다. 그러려면 자기 것으로 만들기 위해 반복하고 익히는 시간이 절대적으로 필요합니다. 아이 스스로 중심을 잡고 학교생활을 온전히 잘하게 되었을 때, 학교 공부와 함께 아이가 원하는 다른 공부를 시켜도 늦지 않습니다.

	3월에 점검해야 할 사항	예	아니오
1	아침 일찍 일어납니다		
2	아침에 일어나서 스스로 학교 갈 준비를 합니다		
3	아침 식사를 합니다		
4	혼자서 등교 시간에 맞추어 등교합니다		
5	부모님께 "학교에 다녀오겠습니다"라고 인사를 합니다		
6	아침에 등교하면 선생님께 인사를 합니다		
7	등교해서 아침에 할 일을 스스로 알아서 합니다		
8	스스로 아침 책읽기를 합니다		
9	쉬는 시간에 다음 시간 교과서를 스스로 준비합니다		
10	친구랑 사이좋게 지냅니다		
11	글씨를 바르게 정성껏 씁니다		
12	바른 자세로 앉아서 생활합니다		
13	주어진 과제를 열심히, 정성껏 합니다		
14	급식은 골고루 먹고 스스로 정리합니다		
15	날마다 큰소리로 책을 한 권씩 읽습니다		
16	그날 공부한 수학을 복습하고 보충 문제를 풀어봅니다		
17	날마다 정해진 시간에 스스로 알림장을 보고, 준비물이나 가정통신문을 챙깁니다		
18	자기 방 정리정돈을 스스로 합니다		
19	식후 스스로 이를 닦습니다		
20	게임이나 만들기 놀이나 활동을 한 뒤에 뒷정리를 합니다.		

입학식에
갑니다

　입학식은 아이가 초등학생이 되는 날이고, 엄마 아빠는 학부모가 되는 날입니다. 입학식은 보통 11시에 시작해서 1시간 정도 걸리고 대부분 강당에서 진행합니다. 먼저 강당 앞 게시판에 붙어있는 학년 반 배정표를 확인합니다. 강당에 들어서면 입구에서 담임 선생님들이 주간학습 안내를 비롯한 여러 가지 안내 자료를 배부합니다. 선생님께서 아이에게 이름표를 달아 주고 첫인사를 나누면 안내 자료는 부모님께서 들고 있고, 아이는 학년 반 팻말이 있는 곳으로 가서 바르게 앉습니다. 어떤 학교는 식전 행사로 재학생의 축하 연주나 발표회가 있습니다. 국민의례와 교장 선생님, 교감 선생님, 1학년 선생님들 소개를 하고, 교장 선생님의 환영 인사가 이어집니다. 축사가 끝나면 선배에게 선물 받는 시간도 있는데 6학년 선배가 새로 입학하는 동생들에게 사탕 목걸이나 왕관을 씌워 주거나 선물꾸러미를 나누어 주기도 합니다.

담임 선생님

처음 만나는 담임 선생님은 부모님이 평소에 원하던 모습일 수도 있고 아닐 수도 있습니다. 경력이 많은 나이 든 선생님을 만나면 실망하는 부모님이 계시는 데 오랜 교직 경험은 아이 교육에 좋은 점이 많습니다. 오랫동안 아이들을 봐 와서 이해의 폭이 넓고 어떤 상황에서도 여유 있는 마음으로 대해 주기 때문에 처음 학교에 와서 긴장한 아이들이 적응하는 데 오히려 도움이 됩니다.

담임 선생님과 부모님의 목표는 아이가 학교생활을 잘 해내는 것입니다. 그러려면 부모님과 선생님의 협력이 꼭 필요합니다. 부모님이 선생님을 믿어야 선생님도 아이들을 지도할 때 힘이 납니다. 선생님도 완벽한 존재가 아니어서 때로는 실수하고 부족한 점이 있습니다. 그러나 "너희 선생님은 왜 그러시니? 마음에 안 들어!"라고 부모님이 무심코 던지는 말을 듣는 순간 아이도 선생님을 신뢰하지 않게 됩니다. 부모님이 신뢰하지 않는 선생님이라면 아이도 잘 따르지 않습니다. 그러면 아이의 모범적인 학교생활도 기대할 수가 없습니다.

화장실 둘러보기

입학식이 끝나면 가족과 기념사진을 찍거나 학교를 둘러보는 시간을 가집니다. 시간이 있다면 아이가 생활하게 될 1학년 교실을 찾아가 함께 둘러보는 것도 좋습니다. 또 아이 교실과 가까운 1학년 화장실에 들러 용변을 보게 하는 것도 좋습니다. 그러면 다음 날부터 낯선 환경에서 용변 보는 것이 조금 편해질 것입니다.

돌봄을 신청한 아이

돌봄을 신청한 부모님이라면, 배정된 반에서 돌봄 교실까지 가는 길을 아이와 함께 걸어가 봅니다. 돌봄 교실에 찾아가 아이가 방과 후에 생활하게 될 교실 모습을 살펴보고, 선생님이 계신다면 미리 인사를 드려도 좋습니다.

입학식 뒤 가정에서 해야 할 일

입학식을 마치고 집에 돌아오면 학교에서 받은 '담임 첫인사'를 읽어 보면서 담임 선생님의 교육 철학과 교육 방법에 대해 살펴봅니다. 1년 동안 아이들을 어떻게 이끌어 갈 것인지, 어떤 선생님인지 알 수 있는 자료입니다. 주간학습을 비롯한 각종 안내 자료와 학교에 제출할 서류도 꼼꼼히 살핍니다. 제출할 서류를 작성했으면 아이 옆에 앉아서 책가방 챙기는 것을 도와줍니다. 학교에 제출할 서류는 아이가 가정통신 파일에 넣고 가방에 넣어서 학교에 가면 선생님께 드리라고 아이에게 일러줍니다. 학교에서 안내한 개인 준비물, 색연필, 사인펜, 풀, 가위, 실내화에는 꼭 이름표를 붙여서 가방에 넣도록 합니다. 이때 가방 공간을 아이가 살펴보고 직접 물건을 넣어야 학교에서도 스스로 찾을 수 있습니다. 엄마 혼자 가방

○○초등학교 1학년 ○반 부모님께 드립니다.

안녕하세요?
올 한 해 사랑스런 자녀의 담임이 된 교사 김성원입니다.

새봄을 맞아 잔뜩 부풀어 오른 꽃망울처럼 자녀에 대한 부모님의 기대도 크시기에 1학년 담임에 대한 궁금한 점이 많으실 것으로 생각됩니다.
○○교대를 졸업하고 초등미술교육과 상담심리를 대학원에서 전공하고 아이들을 가르치고 있습니다. 한 해 한 해 아이들을 만나면서 한해 농사를 짓는 농부의 마음으로 준비와 정성을 다하여 아이들을 만나고 있으며 아이들이 성장하는 모습에 감동을 하고 있습니다.
우리 자녀들이 새 학기만 되면 설렘과 두려움이 교차되는 것처럼 교사인 저도 많은 교직 경험에도 불구하고 늘 그런 마음을 가지고 있습니다. 언제나 그렇듯이 기대와 설레임을 가지고 한 해를 출발하려합니다. 아무쪼록 부모님의 마음을 헤아려 한 해 동안 귀한 자녀를 잘 보살피고 가르치는데 힘을 쏟겠습니다.

☕ 올해 이것만은 꼭 함께 하겠습니다.

1. 학교에서나 가정에서도 기본 생활습관이 형성되도록 하겠습니다.

기본 습관이 형성되어야 학습이나 생활면에서도 자신감을 가지고 생활하는 어린이로 자랄 수 있습니다. 1학년이라 아직은 몸과 마음이 작고 여리지만 당당한 1학년으로서 생활하는데 스스로 해낼 수 있는 의지를 심어주고 실천하면서 스스로 자랑스런 어린이로 가르치겠습니다.

2. 아이들과 함께하는 협동학습 교실을 만들겠습니다.

1학년이지만 1학년 수준에 맞게 수업시간에 모둠 위주의 다양한 활동을 통해서 친구들을 서로 배려하고 사이좋게 지내는 활동을 많이 하여 함께하는 즐거움을 느끼도록 학급을 꾸려 나가겠습니다.

3. 다양한 책을 통하여 즐거운 책 읽기를 하도록 하겠습니다.

학습에 기본이 되는 책 읽기를 재미있고 스스로 찾아가면서 읽을 수 있도록 지도하겠습니다. 가정에서도 다양한 독서를 하도록 부모님께서는 부모님의 따뜻한 품에서 하루에 한 권 정도 읽어 주셨으면 합니다.

4. 언제나 즐거운 교실을 만들겠습니다.

교실과 운동장에서 아이들이 즐겁게 학교생활을 할 수 있도록 교실놀이와 운동장 놀이를 함께 할 계획입니다. 놀이는 또 다른 공부의 하나입니다. 아이들이 학교에 와서 즐겁게 공부를 할 수 있도록 환경을 만들어 갈 계획입니다.

기본 생활습관을 통한 자기 주도적인 인간형

초등학교 1학년 신입생을 보낸 어머님

어머님은 내 아이를 어떤 아이로 키우고 싶은가요?

공부 잘하는 아이

대학 잘 가는 아이

스포츠 잘하는 아이

친구들과 잘 지내는 아이

당당하게 행동하는 행복한 아이

최근 신문 기사를 보면 스무살 명문대 입학보다 서른 살 독립이 목표라는 기사를 보았습니다. 어머님들이 원하시는 자녀, '당당하게 행동하는 행복한 아이'로 자라려면 무엇보다도 기초는 **기본생활을 자기 스스로 하는 자기주도적인 사람**이 먼저 되어야 한다고 합니다.

자기주도적인 사람으로 성장하는 출발점이 지금부터(1학년)입니다.

심리학자들이 이야기하는 6~7세입니다.

정운경 가톨릭대 심리학과 교수는 자신이 할 일을 스스로 하는 자질을 타고난 것이 아니라 부모가 가르쳐야 하는 덕목이라고 하는데 18개월부터 훈육하기 시작해서 유치원기 초등학교 1학년에 스스로 하는 습관이 형성되어야 자기 주도적인 사람이 될 수 있다고 합니다.

공부만 해라 부모가 다해 준다.

그 아이는 그야말로 혼자는 능력이 떨어지는 아이가 되어 쉽게 포기하는 어른으로 자랄 가능성이 높은 아이가 되고 맙니다. 좋은 대학을 가도 엄마가 수강신청을 해 주는 어른으로 자란다고 합니다.

그래서 초등학교 1학년 이 시점

전문가들은 부모의 개입을 줄이고 최대한 지켜보는 자세를 취하면서 자녀가 스스로 자신의 나이에 맞는 해야 할 일을 해나가도록 도와주어야 한다고 합니다. 아침 일찍 일어나기부터 시작해야 합니다. 당당한 1학년이 되었으니 여러분은 스스로 합니다. 기회를 주어야 합니다.

한 가지가 이루어지면 낼 학교 갈 준비, 옷 입기, 밥 먹기 등 자녀가 혼자 할 수 있는 일들을 찾아서 실천하면서 스스로 해낼 수 있는 **성취감**을 느끼도록 해 주어야 합니다.

이렇게 한 학기 정도 계획을 세워 기본 생활 습관이 형성되면 어머님들께서는 잔소리 할 일이 없어집니다. 아이들은 자기 스스로 성취감을 맞보면서 자신은 뭐가 되는 사람이라고 스스로 생각한다고 합니다. 그러면 아이들은 스스로 할 일을 찾아 공부하고 책 읽고 자기할 일을 알아서 합니다. 어머님께서는 할 일 줄어들고 잔소리하는 시간에 대화하는 시간이 늘어 부모와 자녀 간의 사이도 좋아집니다. 그래서 아이의 평생 재산인 **자존감**이 높아지는 것입니다.

부모님들 자기주도인 멋진 자녀를 키우려면

내실있는 교육을 합니다.

집짓기 할 때 기초공사가 튼튼하면 얼마든지 멋진 집을 지을 수 있다는 것 아시죠?

겉모습만 보거나 얼마나 빨리 짓겠다고 생각하면 그 집은 무너지는 것처럼 아이들도 지금 당장 지금 보여지는 것에 연연해 하시면 아이들은 손발이 묶여서 자기주도적인 행동을 하는데 성취감을 맛볼 수 없습니다. 그래서 부모님께서는 개입을 최대한 줄이고 자녀들이 해야 할 일을 제시하고 지켜보셔야 합니다. 일찍 일어나서 학교에 가야 하는데 늦잠 자면 아이가 지각하게 될 경우도 지각해서 아이들이 수치심을 느끼고 내일부터는 늦잠을 자지 않도록 노력하는 계기로 삼아야 합니다. 그래서 늦잠을 자더라도 지각하지 않도록 차를 태워주던가 하지 말고 혼자 해결하도록 부모님께서 지켜봐 주셔야 합니다. 그리고 자녀의 높은 점수가 아니라 노력하고 관심을 기울이는 자세에 반응하고 격려해 주셔야 합니다.

부모님께서 자녀에게 적극적으로 지지를 보내야 합니다.

여러분 자녀들에게

무한한 가능성이 있다.

지금 무엇이 아니어도 노력하는 모습에 가능성은 100% 뭐가 되어도 된다고 부모님께서 인정하시면 자녀들은 천천히 끝까지 갈 수 있다고 합니다. 무엇이든지 자녀가 하고자 한다면 실패와 무관하게 시도하고 그 결과에 배움을 가지는 시간을 갖도록 많은 경험을 하도록 기회를 부여해야 합니다. 인간의 뇌는 사춘기에 접어 들면 리모델링을 하는 데 자극받지 못한 뇌는 퇴화 된다고 합니다.

실수를 인정해 주어야 합니다.

어릴 때 작은 실패 경험은 충격도 작지만 마음 근육이 단련되어 자기 조절력까지 생겨 성인이 되어 실패를 하더라도 다시 할 수 있는 마음과 적극적인 자세로 세상을 살아가는 원동력이 된다고 합니다. 자녀들이 부모님을 의식하여 실패를 하지 않으려고 한다면 만만한 것 만하고 발전도 없다고 합니다. 자녀들이 좌절하고 힘들어하면 진심으로 격려해 주고 안아 주면 됩니다.

격려받고 자란 아이는 학교에서도 생활을 잘합니다.

자신에 대한 긍정감이 다른 친구들에게도 전달하여 배려하기 때문입니다.

메일 기본 생활이 안 되어있는 아이, 엄마, 선생님의 잔소리에 로봇처럼 행동하는 아이들은 이 잔소리에 자존감을 점점 떨어져 뭔가를 해 보기도 전에 자신을 안 되는 아이라고 자신을 세뇌시킨다고 합니다.

가족끼리 잘 지내는 법을 배웁니다.

학교에서 친구들과 잘 지내는 아이들은 가정에서도 존중받은 아이들입니다. 어린 아이지만 존중하는 분위기로 서로 대화를 나누고, 부모님께서 서로 존중하는 모습을 보여주거나, 자녀를 인정하는 모습이 가정에서도 이루어지면 학교생활은 걱정 없습니다. 권위적인 부모님 말에 무조건 복종하는 아이들은 그 불만을 학교에서 터드리고 사춘기가 되면 복수의 화신이 되어 돌아온답니다.

부모님

우리의 사랑스런 1학년 어린이들이 당당하게 자라날 수 있도록 엄마의 눈높이가 아니라 아이 수준에 맞게 지켜보고 기다려 주는 것입니다. 처음에는 느리고 어설프지만 행복한 멋진 어른으로 성장합니다.

학부모 총회 자료이지만 미리 초등1학년 어떻게 교육 할 것인가에 대한 고민을 적어 보았습니다. 참고 해 주세요

78

을 챙겨서 보내면 아이는 가방에 무엇이 들었는지, 어떻게 해야 하는지 모릅니다.

Q. 아이가 학교에서 속상한 일이 있었다고 하소연할 때는 어떻게 해야 하나요?

A. 흥분하거나 감정적으로 처리하지 말고, 차분히 아이의 말을 듣고 마음을 헤아려 줍니다.

아이가 학교에서 속상한 일이 있다고 하소연할 때 "지금 당장 선생님께 전화해서 해결해 줄게, 걱정하지 마!"라고 흥분하거나 "쓸데없는 소리 하지 마. 네가 맨날 그러니까 그렇지"라고 말해서는 안 됩니다. 때때로 아이들은 학교에 있었던 일을 부모님께 전하면서 자신이 잘못한 일이나 불리한 이야기는 빼놓고 속상한 내용만 말하기도 합니다. 상황이 어찌 되었든 먼저 아이의 말을 충분히 들어주고, "정말 속상했겠다. 엄마도 네 입장이라면 속상했을 것 같아"라면서 아이의 마음에 공감해 줍니다. 그리고 "엄마한테 이야기해 주어서 고마워!"라고 합니다. 혹시 사실 확인이 필요한 부분이 있다면 알림장이나 문자메시지, 전화로 담임 선생님께 확인해 보는 것이 좋습니다. 특히 아이들 사이에서 일어난 갈등을 내 아이 말만 듣고 판단해 상대방 부모님께 전화를 걸어 따지거나 상대방 아이를 찾아가 혼낸다거나 하면 자칫 문제가 될 수 있으니 담임 선생님의 말을 듣고 대처해야 합니다. 부모님께서 원하고 바라던 대로 되지 않는다고 격한 행동을 하면 아이도 학급에서 다른 아이들과 생활하는 데 어려움이 있는 경우도 생길 수 있습니다.

아침밥을 꼭 먹고
학교에 가요

아침밥을 먹고 오는 아이는 표정부터 다릅니다. 모든 활동에 힘이 넘치고 열심히 참여합니다. 아침밥을 먹고 오지 않는 아이는 1교시부터 힘이 없어 자주 엎드리고 쉬는 시간만 되면 "언제 급식 먹어요?" 하고 계속 묻습니다. 이러면 수업 시간에 집중하기 힘듭니다. 요즘은 어쩌다 한번 아침밥을 거르는 것이 아니라 일상이 된 아이가 많습니다. 그래서 선생님은 알림장에 '아침밥 먹고 오기'라고 써 주기도 합니다. 어른이 아침밥을 먹지 않은 습관은 선택이지만 성장기 아이들에게 아침밥은 활기차게 생활하기 위해 꼭 필요합니다.

1학년 아이들도 교실에 앉아서만 수업하는 게 아니라 일주일에 두세 번은 강당이나 운동장에서 체육활동을 하고, 도서관과 컴퓨터실 같은 특별실로 이동수업을 갑니다. 또한 쉬는 시간, 놀이시간에는 잠시도 가만히 있지 않습니다. 이렇게 활동적으로 지내다 보면 아침밥을 먹고 온 아이도 4교시가 되면 배가 고프다고 합니다. 아이가 먹기 싫어해도 조금이라도 아침밥을 먹는 습관을 들이고 밥이 싫으면 밥 대신 다른 먹을거라도 꼭 먹고 학교에 가도록 합니다.

아침밥을 먹어야 두뇌 활동을 잘합니다

뇌를 활성화하기 위해서는 탄수화물이 필요합니다. 아침밥을 먹어야 필요한 탄수화물이 공급되고 두뇌 활동을 잘할 수 있습니다. 아침을 먹지 않으면 집중력과 사고력이 떨어져서 열심히 공부하려고 해도 잘되지 않습니다. 배가 고파 빈속에 차가운 급식 우유를 마시면 아이들은 배가 아프기도 합니다. 아이들은 갑작스러운 신체 반응이 일어날 때 어른처럼 참거나 조절하지 못해서 수시로 화장실을 왔다 갔다 합니다. 또 아침밥을 먹지 않고 학교에 오면 급식 시간에 폭식하기가 쉽습니다. 아이의 두뇌를 깨우고 하루를 활기차게 시작할 수 있도록 따뜻한 음식을 먹고 등교할 수 있도록 해 주세요. 적절한 시간에 적절한 영양을 공급받아야 아이가 제대로 성장할 수 있습니다.

일찍 자고 일찍 일어납니다

아침 일찍 일어나서 여유 있게 학교 갈 준비를 마치면 충분히 아침을 먹을 수 있습니다. 습관적으로 늦잠을 자고 입맛이 없어서 아침밥을 거르는 아이들도 있습니다. 아이가 시간에 쫓겨 아침밥을 거르거나 늘 허겁지

겁 먹는다면 아침에 일찍 일어나는 습관을 들여야 합니다. 또 늦은 시간까지 자지 않고 놀다가 야식까지 먹는다면 전날 먹은 음식이 소화되지 않은 채 장과 위에 남아 있게 되고, 다음 날 아침에는 식욕이 없기 마련입니다. 밤에 일찍 자고 아침에 일찍 일어나 아침 식사를 하면 아이들은 따뜻한 부모님의 사랑도 느낄 수 있습니다. 어버이날 감사 편지를 쓰라고 하면 밥을 해 주셔서 고맙다고 하는 아이들이 꽤 많습니다. 부모님 모두 직장에 다니고 출근 시간이 너무 일러서 직접 챙기기 어렵다면 간식통에 고구마, 달걀, 과일 따위를 준비해 두서도 좋습니다.

날마다 아이와 함께
알림장과 가정통신문을
확인해요

학교에 다녀온 아이의 책가방을 열어보면 알림장과 함께 가정통신문이 들어 있습니다. 1학년 아이들은 알림장을 잘 쓰지 못하기 때문에 대부분 알림장 내용을 휴대전화 앱으로 안내합니다. 숙제와 다음날 준비물은 물론이고 간단한 전달 사항이 있으며, 아이와 함께 읽어 보고 챙겨야 합니다.

2학기에는 알림장을 작성하기도 하는데 알림장 내용에 의문이 있으면, 아이에게 물어보도록 합니다. 알림장을 쓸 때 선생님은 설명을 함께해 주기 때문에 아이가 잘 들었다면 충분히 부모님께 설명할 수 있습니다. 아이의 학교 활동에 대해 궁금한 점이나 필요한 정보가 있다면 학부모 모임의 도움을 받는 것도 좋습니다.

책가방과 알림장 스스로 챙기기

3월 한 달 동안은 아이가 알림장을 펴 놓고 학교에 가져갈 준비물이나 가정통신문, 회신서를 책가방에 챙길 수 있도록 부모님이 옆에서 지켜보고 도와줍니다. 가정통신문은 식탁이나 책상처럼 한 장소를 정해 꺼내 놓게 하는 것이 좋습니다. 1학년 때 스스로 알림장과 가방을 챙기는 습관을 익히지 못하면 고학년이 되어도 숙제와 준비물을 부모님이 나서서 챙겨야 합니다. 기본 생활습관이 몸에 배지 않으면 하나부터 열까지 부모님이나 선생님이 간섭하게 됩니다. 그러면 아이는 위축되고 자존감이 떨어집니다.

다시 한번 강조하면 모바일 앱 알림장이나 공책 알림장의 알림 내용을 챙길 때는 아이와 꼭 함께해야 합니다. 알림장을 스스로 챙기는 연습은 자율성을 키우는 일이기 때문입니다. 3월이 지나면 부모님 손길은 서서히 줄이고 아이가 주도적으로 해내도록 지켜봅니다. 이것이 습관이 되면, 2학기에는 아이가 스스로 잘 해낼 것입니다.

가정통신문 회신서는 바로 보냅니다

가정통신문은 학교에서 특별히 알려야 할 사항이 있을 때, 가정으로 보내는 공지문입니다. 학년 초에는 학교 행사, 주간학습, 정보 동의서, 우유 급식 신청서, 방과 후 신청서와 많은 가정통신문이 배부됩니다. 가정통신문에는 부모님이 읽고 확인하면 되는 것과 다시 학교로 회신해야 하는 것으로 나누어집니다. 회신서는 인적사항을 정확히 기재하여 정해진 날짜

○○ 초	2019학년도 1학기 학부모 상담주간 안내	

2019학년도 1학기 학부모 상담주간 안내

안녕하십니까?

새로운 출발의 기운과 행복이 가정 내 가득하시길 바랍니다.

본교는 학기 초 자녀에 대한 이해 및 바람직한 자녀교육을 위한 정보를 공유하고, 학교와 가정이 연계한 효율적인 학생지도를 위하여 학부모 상담주간을 운영합니다. **개인 사정상 학교 방문 상담이 어려우신 경우에는 전화 상담도 가능하며, 상담주간 외에도 수시로 상담이 가능하오니** 담임 선생님과 일정을 조율하셔서 자녀의 생활과 학습에 대한 정보를 공유하시기 바랍니다.

[2019학년도 1학기 학부모 상담 안내]

- 학부모 상담주간 : 2019년 3월 22일(금) ~ 3월 28일(목)
- 상담 시간 : 각 학년 수업 종료 후 ~ 4시 30분 (야간상담 가능일은 저녁 8시까지)
- 상담 장소 : 각 학급 교실
- 상담 내용 : 학습 관련, 교우관계, 진로지도 등 담임 선생님과 상담하고 싶은 전반적인 내용
- 신청서 제출 기간 : 2019. 3. 13.(수) ~ 3. 15.(금)까지 담임 선생님께 제출

학년별 야간상담 가능일	1학년	2학년	3학년	4학년	5학년	6학년
	3월 25일(월)	3월 27일(수)	3월 26일(화)	3월 28일(목)	3월 25일(월)	3월 28일(목)

※ 기타사항

☐ 상담은 필수신청이 아니며 필요하신 경우에 신청해주시기 바랍니다.

☐ 학부모님과의 상담내용은 절대 비밀을 유지하며 자녀 교육에만 활용합니다.

☐ 야간 상담은 학년 날짜에 맞게 신청하시면 되고 8시까지 진행합니다.

☐ 청렴한 학교 문화 정착을 위하여 **상담 시에는 빈손으로 오시기 부탁드립니다.** (음료수 등 정중히 사양)

☐ 최종 상담일정은 신청 수합 후 조정을 통해 담임 선생님께서 다시 안내해 드립니다.

2019. 3. 11.

서 울 ○○ 초 등 학 교 장

--- 절취선 ---

2019학년도 1학기 학부모 상담신청서

학년	반	번호	학생 이름	학생과의 관계	상담 하실 내용

상담 희망 일시	희망 1	3월 ( )일 ( )요일 오후 ( )시 ( )분경 (방문, 전화)
	희망 2	3월 ( )일 ( )요일 오후 ( )시 ( )분경 (방문, 전화)

상담 신청자 (인)

서울○○초등학교장 귀하

나 기한을 놓치지 말고 제출하도록 합니다. 보통 회신서가 있는 경우에는 선생님이 알림장에 적어 줍니다. 다음 날 회신서를 가져오지 않으면 제출하라는 내용을 알림장에 다시 적어 보냅니다. 그래도 내지 않으면 할 수 없이 선생님은 부모님과 통화를 하지만 부모님 서명이 필요한 회신서는 단순히 통화로 해결할 수 없습니다. 회신서가 있는 가정통신문은 받는대로 학년, 반, 이름을 정확하게 쓰고 내용을 확인하여 다음 날 바로 보내도록 합니다. 선생님은 회신서를 모두 받아야 학교에 보고할 수 있습니다. 회신서를 한두 명이 내지 않으면 일 처리가 늦어지고, 선생님도 힘들며 학년 전체가 힘들어집니다.

요즘은 휴대전화 앱을 활용한 e-알리미가 있어서 알림장이나 가정통신문을 부모님 휴대전화로 전송하기도 합니다. 아이가 집으로 직접 들고 가는 가정통신문은 대개 부모님께서 꼭 확인해야 하는 중요한 것입니다. e-알리미로 가정통신문이 전달되는 경우에도 꼭 아이와 함께 내용을 확인하고 준비물은 아이 스스로 챙길 수 있도록 합니다.

알림장을 여러 가지 용도로 사용합니다

e-알리미가 있어도 알림장은 따로 사용하는 것이 좋습니다. 아이가 할 일을 스스로 챙길 수 있는 메모장 역할을 하기 때문입니다. 아이가 스스로 필요한 것과 해야 할 일도 적다 보면 책임감 있는 아이로 성장할 것입니다. 스스로 메모하는 습관은 자기 생활의 주인이 되는 지름길입니다.

알림장은 또 부모님과 아이가 소통하는 장이 되기도 합니다. 격려의 말이나 방과 후 아이가 잊지 말아야 할 중요한 일정이 있다면 알림장에 남길 수 있습니다.

특히 부모님이 바빠서 아이와 충분히 이야기 나눌 시간이 없다면 알림장으로 부모님 마음을 전할 수 있습니다. 아이는 부모님 마음을 더 잘 이해하게 되고 정서적으로 안정감을 가지게 됩니다. 나중에 아이가 자라서 1학년 때 알림장을 본다면 부모님의 사랑을 확인하는 계기가 될 수도 있습니다.

2학기 때 아이가 쓴 알림장

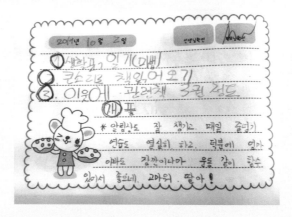

2학기 때 아이가 쓴 알림장입니다. 알림장을 쓰면 집에 가서 할 일을 하고 알림장 번호에 표시합니다. 그리고 개인적으로 추가할 내용이 있으면 스스로 메모합니다. 부모님의 사랑스러운 격려 메모는 아이에게 힘이 되겠지요?

담임 선생님과도 알림장으로 소통할 수 있습니다. 선생님과 전화 통화하기는 쉽지 않아서 전할 말이나 부탁할 일이 있으면 알림장에 간단히 써서 보낼 수 있습니다. 선생님이 내용을 확인하면 적절한 도움을 줄 것입니다.

Q. 혹시 아이가 준비물을 제대로 챙겨가지 못했을 때는 어떻게 해야 하나요?

A. 아이가 스스로 준비물을 챙기지 못했더라도 부모님이 가져다주지 않습니다.

아이가 불편하고 힘든 것을 경험해야 다음부터는 스스로 잘 챙길 수 있습니다. 한번 가져다주기 시작하면 아이는 부모님께 의지하는 마음이 커져 책임감을 기를 기회가 사라집니다. 간혹 준비물을 잘 챙겨오지 않아 아이가 부모님께 전화를 하는 때도 있는데, 다음 날 가져와도 크게 무리가 없는 경우가 대부분입니다. 중학생이 되어서도 준비물을 교문으로 가져다주는 부모님을 보았습니다. 아이가 스스로 자신의 것을 잘 챙길 수 있는 습관이 절실하다고 생각합니다.

학교 시설을
바르게 이용해요

　유치원과 달리 초등학교는 학년과 학급수가 많고 건물도 커서 부대시설이 많습니다. 갓 입학한 아이들은 안전하게 학교생활을 하는 것이 무엇보다 중요하기 때문에 학교 시설을 이용하는 방법을 알아두어야 합니다. 교실, 현관, 계단, 화장실, 운동장과 학교 시설 대부분에는 안전장치가 있습니다.

　계단에서는 절대로 뛰지 말고 한 계단씩 올라가고 내려와야 합니다. 내려갈 때는 안전 바가 있으면 잡고 내려갑니다. 장난기가 많은 아이는 두세 계단을 한꺼번에 뛰다가 다치는 경우가 있으니 조심합니다.

　모든 문은 살살 여닫아야 합니다. 미닫이로 되어 있는 앞뒤 교실 문은 뒤에 바로 따라 들어오는 사람이 없는지 꼭 확인합니다. 안전장치가 있어도 손가락이 끼어 다치는 경우가 있으니 주의합니다. 유리로 된 화장실

출입문을 세게 밀고 들어가 확 놓아버리면 뒤에 오는 아이가 문에 맞아 크게 다칠 수 있습니다. 또 서로 밀치다가 화장실 문에 팔이 끼여 다치기도 합니다.

화장실 바닥에는 물기가 있으므로 절대로 뛰거나 장난쳐서는 안 됩니다. 화장실에서 용변을 보고 나면 휴지를 적당량 끊어서 사용하고 휴지를 천장으로 던지거나 장난치지 않도록 합니다.

복도에는 정수기가 있습니다. 물을 먹고 싶을 때는 언제든지 이용할 수 있습니다. 아이들 중에는 가끔 정수기에 그냥 입을 대고 먹는 경우가 있습니다. 위생상 매우 좋지 않으니 반드시 컵이나 물통으로 정수기 물을 받아먹도록 합니다. 자주 배가 아픈 아이라면 개인 물통을 갖고 다니는 게 좋습니다. 날마다 물통을 준비하기 어렵다면 300mL 생수를 갖고 다닙니다.

운동장에는 여러 가지 운동 시설 있습니다. 안전 규칙을 반드시 지키도록 합니다. 축구 골대에 매달려 놀면 안 됩니다. 잘못하다가 균형을 잃으

알아두세요!

안전공제회

학교에는 학교에서 일어나는 모든 안전사고에 대비하여 만든 안전공제회가 있습니다. 교육 활동 중 사고가 나서 병원 치료를 받는 경우 학부모의 부담을 줄이기 위해 안전공제회에 신청할 수 있습니다. 담임 선생님에게 병원 서류를 갖추어 제출하면 병원비를 되돌려 받을 수 있습니다.

면 골대 기둥에 맞아 다치기 때문입니다. 점심시간이나 방과 후에 운동장에서 축구를 하다가 반대쪽에서 달려오는 사람을 미처 보지 못해 부딪히는 사고가 자주 일어납니다. 운동장에 사람이 많을 때는 공놀이를 삼가는 것이 좋습니다. 철봉, 늑목, 정글짐 같은 운동기구에서도 안전 규칙을 반드시 지키고 사고가 일어나지 않도록 가정에서 꾸준히 지도해 주세요.

도서관을
친구로 만들어요

　도서관을 가까이하는 것은 공부 근육이 튼튼해지는 지름길입니다. 독서는 인성 발달과 지적 욕구 충족, 진로 탐색에 이르기까지 아이에게 큰 영향을 미칩니다. 자기주도학습 습관을 들이는 데에도 독서는 한몫합니다. 초등학교 시절 책을 많이 읽은 아이들은 당장 성적이 기대만큼 안 나오더라도 학년이 올라갈수록 학습 역량이 높아집니다. 또 각 분야의 인재로 성장하기 위해서는 반드시 독서의 힘이 필요합니다. 학교에서는 독서를 대단히 강조하고 있지만 실제로 책읽기를 즐기는 아이들은 많지 않습니다.

　세계 최고 수준의 국제 학업 성취도를 자랑하고 평생교육 시스템이 잘 갖추어진 핀란드의 도서관은 사랑방 같은 곳입니다. 남녀노소 누구나 즐겨 찾고 아이들은 놀이터처럼 드나들며 책과 가까이 지내기 때문에 우리나라처럼 사교육을 하지 않아도 핀란드 학생의 독해력은 세계 1위라고 합니다.

1학년부터 도서관을 내 집처럼

3월 입학 적응기에는 교무실, 교장실, 과학실, 돌봄 교실, 급식실, 보건실, 강당, 도서관과 여러 학교 시설을 탐방하는 시간이 있습니다. 많은 책으로 채워져 있는 도서관은 아이들이 가장 신기해하고 감탄하는 곳으로 학교생활 내내 꾸준히 찾아가 책과 친구가 될 수 있는 좋은 공간입니다. 보통 일주일에 한 번씩 국어 시간을 이용해 도서관에 가서 책을 읽는 활동을 하는데, 1학년도 예외는 아닙니다.

처음 도서관에 간 아이들은 비치된 책을 구경하고 나서, 도서관 이용 방법을 사서 선생님께 안내받고 책을 골라 조용히 읽습니다. 한 번에 2~5권 정도 책을 빌릴 수도 있습니다. 빌린 책은 지정된 날짜에 반납해야 합니다. 쉬는 시간, 점심시간, 방과 후에도 도서관에 들를 수 있으니 날마다 도서관에 들러 책 읽는 습관을 들이면 좋겠습니다.

도서관을 만남의 장소로

하교 뒤 아이와 만나기로 했는데 부모님이 늦는다면 아이에게 도서관에서 기다리라고 하면 좋습니다. 아이가 학교를 마치고 방과 후 수업까지 시간이 빌 때도 도서관은 안전하게 머무르기 좋은 장소입니다. 갑자기 사정이 생겨 아이를 일찍 등교시켜야 하는 상황이라면 도서관을 이용해 보세요. 1학년 아이가 혼자 집에 있다가 깜박 잠이 들면 지각할 수도 있습니다. 도서관을 이용하면 늦지 않게 등교할 수 있습니다.

도서관에서 공부하는 아이

틈만 나면 도서관에서 숙제도 하고 책을 읽는 5학년 여자아이가 있었습니다. 수업 시간에 발표를 시켜 보면 수준이 높아서 교사인 제가 들어도 혀를 내두를 지경이었습니다. 분야를 가리지 않고 탁월해서 '이렇게 똑똑한 아이가 있구나!'라고 생각했습니다. 궁금증은 곧 풀렸습니다. 어느 날 퇴근하고 일이 있어서 지역 도서관에 가다 그 아이를 만났습니다. 아이는 사회과목의 조사 발표 수업을 준비하러 도서관에 간다고 했지요. 그동안 아이는 도서관을 통해 공부하는 방법을 터득한 것입니다. 어느 분야든지 재미있게 공부를 하니까 못 하는 공부가 없었습니다. 아이를 볼 때마다 "너는 무엇이든 다 할 수 있는 능력이 있으니 꿈을 크게 가져라" 하고 이야기하곤 했습니다. 공부에 있어서 도서관과 독서의 중요성을 보여 주는 경우입니다.

온 가족 독서 시간

도서관은 똑같은 책을 여러 권 비치해 두고 있습니다. 같은 책을 가족 수 만큼 빌려 가족 모두 읽고 이야기 나누는 온 가족 독서 시간을 추천합니다. 또 주말에는 가까운 지역 도서관을 방문하여 가족이 함께 책 읽는 즐거움을 느껴보는 것은 어떨까요?

온 가족 독서로 《아낌없이 주는 나무》를 읽고 할 수 있는 독후활동을 소개합니다.

❶ 나무가 우리에게 주는 것은 무엇이 있을까?'

나무가 주는 것을 '시장에 가면' 놀이에 적용해 재미있는 활동을 할 수 있다.

㉠

나무는 그늘도 주고

나무는 그늘도 주고 잎도 주고

나무는 그늘도 주고 잎도 주고, 그네도 주고

나무는 그늘도 주고 잎도 주고, 그네도 주고, 열매도 주고

나무는 그늘도 주고 잎도 주고, 그네도 주고, 열매도 주고, 집도 주고

나무는 그늘도 주고 잎도 주고, 그네도 주고, 열매도 주고, 집도 주고, 배도 주고

❷ 아낌없이 주는 나무의 사랑은 바람직한가? 아낌없이 주는 부모는 좋은 부모인가?

토론을 하면서 부모님의 사랑을 깨닫게 되고, 서로에 대한 이해가 넓어질 수 있다.

부모님이 아이에게 모든 것을 해 주지 않는 이유를 생각해 보는 계기가 될 것이다.

❸ 나에게 아낌없이 주는 나무는 누구일까?

자신이 생각하는 아낌없이 주는 나무란 누구인지 이야기하면서 서로 생각을 나눈다.

선생님 말씀에
집중해요

 학교에서 이루어지는 수업의 기본은 듣기라고 할 수 있습니다. 수업은 듣기를 통해 시작되고, 들은 내용을 기반으로 내용을 이해하고 문제를 해결하기 때문입니다. 듣기가 되지 않으면 아무것도 할 수 없습니다. 그래서 학기 초 아이들을 수업에 집중시키기 위해 이런 질문을 던집니다. "왜 사람 귀는 두 개, 입은 한 개일까요?" 듣기가 중요하다는 것을 깨닫게 해주기 위한 질문이지요.

 수업 시간에는 잘 들어야 이해가 되고, 잘 듣지 않으면 학업뿐만 아니라 학교생활 전반에 걸쳐 적응하기 힘든 경우가 생길 수 있습니다. 선생님의 설명을 집중해 듣지 않으면 적절한 대답이나 반응을 할 수 없고, 이것이 반복되면 아이는 공부가 점점 재미없어집니다. 자기 자신을 마치 문제아처럼 생각하게 되면서 자존감도 떨어집니다.

선생님: 색연필로 선 그리기 연습을 할 거예요. 먼저 손가락으로 한번
　　　　따라 해 봅시다.

아이들: (손가락으로 따라 합니다.)

선생님: 이번에는 공책에 색연필로 선을 그릴 거예요. 조금 전에 손가
　　　　락으로 그린 것처럼 공책에 색연필로 그리면 됩니다. 한 장 하
　　　　고 나서 더 하고 싶은 친구는 두 장 해도 됩니다.

　활동 내용과 방법을 설명하고 "자, 이제 해 보세요"라고 하면 꼭 "선생
님, 색연필로 해도 되나요?", "선생님, 두 장 해도 되나요?" 하고 이미 설명
한 내용을 확인하는 아이들이 있습니다. 제대로 안 들었다는 것이지요.
또는 불안해서 확인하는 아이도 있습니다. 할 때마다 이렇게 행동하는 아
이는 듣기 연습이 필요합니다.

　아이들을 가르치다 보면 남자아이가 듣기에 더 취약하다는 생각이 들
때가 있습니다. 활동적인 성향과 뇌 구조상 남자아이의 공감 능력이 여
자아이보다 떨어지기 때문이라고 합니다. 또 유난히 산만한 아이 중에는
비염이나 중이염으로 청력이 떨어져 있을 수 있으니 잘 살펴보고, 치료가
필요하면 치료를 합니다.

ADHD

　ADHD(주의력결핍과잉행동장애)는 제자리에 잘 앉아 있지 못하고 돌아
다니거나, 계속해서 소리를 내는 증상입니다. 이 증세가 있는 아이들은

활동에 집중하기 어렵고 듣기에 취약해서 교실에서 제대로 학습을 할 수 없어 적절한 치료가 필요합니다. ADHD가 의심되는데 부모님이 인정하지 않고 그대로 두면 아이 증세는 점점 더 심해집니다. 1학년 입학하고 상담이나 정서행동 검사를 하면 대략적인 성향을 알 수 있습니다.

1학년 때 치료를 시작하면 치료가 쉬운데 '애들이 원래 그렇지 뭐' 라거나 '좀 크면 나아지겠시' 하고 그냥 놔두는 경우가 많습니다. 이러다 고학년이 되면 학교생활이 더 어려워지고 학습과도 영 멀어지는 안타까운 경우도 많이 보았습니다. 수업에 집중하지 못해 돌아다니거나 떠들고 장난치다가 계속 선생님에게 지적과 제재를 받으면 아이의 자존감도 낮아지게 됩니다. 저학년 때에는 심리적 어려움을 그냥 참고 지내다가 고학년이 되면 참았던 감정이 분노로 표출되기도 하고 존재감을 드러내기 위해 아

학교 현장에서!

ADHD 치료 사례

자리에 앉아 있지 못하고 돌아다니며 수업에 집중하지 못하는 1학년 남학생이 있었습니다. 수업 중 화장실 다녀오겠다고 나가서 학교 여기저기를 돌아다니니까, 아이를 찾는 방송을 해야 했습니다. 아무리 아이를 다독거리고 관심을 가져도 아이의 상태는 나아지지 않았습니다. 또래 아이들과 비교해 학업 수준은 점점 벌어지고 다른 아이에게 장난을 걸어 선생님에게 자주 혼이 났습니다. 학교 상담 선생님과 담임 선생님은 검사를 제안했고, 부모님이 받아들여 ADHD로 진단받았습니다.

적절한 처방과 치료를 받은 뒤 아이의 학교생활은 달라지기 시작했습니다. 차분히 앉아 집중하는 모습에 선생님은 자주 칭찬했고 아이는 학교생활이 점점 즐거워지고 표정이 밝아졌습니다. 점차 학업 능력도 향상되고 자존감도 높아졌습니다.

이들을 괴롭히거나 공격성을 드러내기도 합니다. ADHD는 학습보다도 아이의 성격에 더 심각한 영향을 미칩니다. ADHD의 조기 발견과 치료는 원만한 학교생활과 지적, 정서적으로 온전히 성장하기 위해 꼭 필요한 조치입니다.

1학년 때 치료를 받기 시작한 아이는 행동 교정이 빨리 일어나 학업에서 뒤처지지 않습니다. 반대로 고학년이 되어서 치료를 시작하면 오랜 기간 누적된 심리적 문제를 해결하기 위해 약물과 함께 상담 치료가 병행되어야 합니다. 아이가 노력해도 방치된 기간이 길어 학업 능력을 끌어올리는 것이 많이 힘듭니다.

선생님은 부모님께 아이의 ADHD 증세를 말하는 것이 무척 조심스럽습니다. 심각하다고 판단되어 부모님께 상황을 말하면 유치원에서는 아무 문제없이 잘 지냈다고 하는 경우가 많습니다. 그런데 유치원과 초등학교는 교육목표와 교육과정이 다를 뿐만 아니라 생활 모습에서도 많은 차이가 있습니다. 놀이 위주의 유치원에서는 아이의 산만한 행동이 크게 문제 되지 않을 수도 있지만, 초등학교는 수업 내내 앉아 있어야 하고 집중해야 해서 전반적인 학교생활이 힘듭니다. ADHD 검사를 선생님께 전해 들으면 부모님 입장에서가 아니라 우리 아이에게 정말 필요한 것이 무엇인지 생각하여 정확한 진단과 적절한 치료를 받길 권합니다.

학교에 필요 없는 물건을 가져오지 않습니다

장난감이나 필요 없는 물건을 가져오면 아이 자신만 수업에 집중을 못 하는 게 아니라 주위 친구들까지 흥미가 생겨서 기웃기웃, 온 교실을 산만하게 만듭니다. 이렇게 수업을 너무 방해가 되니, 선생님은 몇 차례 경고하다가 결국 장난감을 뺏고 맙니다. 그러면 아이는 속상해하고 뺏긴 장난감 생각에 수업에 집중하지 못합니다. 가정에서 아이가 학교에 필요 없는 장난감이나 물건을 가지고 간다면 말려야 하고, 집에서 충분히 가지고 놀도록 해 주어야 합니다.

집중력과 듣기 능력을 높이는 방법

❶ 말 전달 놀이나 가라사대 게임

종이컵 두 개를 바닥에 구멍을 뚫어 실을 연결한다. 한 명은 소곤소곤 말하고 다른 아이는 듣는다. 역할을 바꾸어 반대로도 해 본다. 가족이 한 줄로 앉아 손을 모아 옆 사람 귀에 대고 소곤소곤 말 전달 놀이를 해도 좋다. 가라사대 게임도 아이들이 좋아하는 집중력 놀이인데 '가라사대'를 붙인 지시어에만 행동하는 것입니다.

❷ 책을 읽어 주고 들은 책 내용을 이야기하기

집에서 아이를 품에 안고 동화책을 읽어 주면 듣기 훈련을 할 수 있고 자연스럽게 집중력도 길러진다. 읽어 준 뒤에는 책 속에 나오는 인물을 말해 보거나 간단한 책 내용을 말해 보게 합니다.

❸ 단계적으로 설명하기

순서가 있거나 여러 내용을 설명하는 경우, 한 가지씩 말하고 이해했는지 되묻기로 상기시킨다.

예 부채 만들기

선생님: 먼저 부채를 준비하세요. 선생님이 뭐라고 했지요?

아이들: 부채를 준비하라고 했어요.

선생님: 부채를 준비해서 연필로 밑그림을 그립니다. 무엇으로 그린다고요?

아이들: 연필로 밑그림을 그립니다.

선생님: 밑그림을 그리고 나서 물감으로 색칠을 합니다. 밑그림을 그리고 나서 어떻게 하면 되나요?

아이들: 물감으로 색칠을 합니다.

❹ 시장에 가면 놀이

앞 친구가 말한 것을 먼저 말하고 연결해서 하나씩 추가하는 놀이로 마지막까지 연결한 친구는 듣기 박사나 챔피언으로 타이틀을 붙여 주고 보상을 주어도 좋다.

예 시장에 가면

1번 친구) 시장에 가면 김밥도 있고

2번 친구) 시장에 가면 김밥도 있고, 사과도 있고

3번 친구) 시장에 가면 김밥도 있고, 사과도 있고, 포도도 있고

❺ 그 외 숨은그림찾기, 도미노 게임, 퍼즐 맞추기

화장실은 언제나
갈 수 있어요

갓 입학한 아이들에게 수업시간 40분은 지루하고, 힘들고, 너무 긴 시간입니다. 수업시간이 끝나면 아이들은 우르르 화장실로 달려갑니다. 또 쉬는 시간에 노느라고 화장실을 미처 다녀오지 못한 아이는 다시 수업이 시작됐는데 화장실에 가겠다고 신호를 보냅니다. 이미 쉬는 시간은 끝났지만, 학교에 적응하는 기간이라 어서 다녀오라고 합니다.

1학년 선생님은 언제든 화장실에 보내 줍니다

초등학교는 40분 수업, 10분 쉬는 시간이 원칙이지만 1학년은 언제든지 화장실에 갈 수 있습니다. 정말 화장실이 급한 아이도 있으나, 간혹 수업시간에 집중하기 어렵거나 내내 앉아 있기가 힘들어서 화장실에 가는 아이도 있습니다. 선생님은 사실 여부를 떠나 화장실에 가겠다는 의사를 표시하면 무조건 보내줍니다. 혹시라도 아이가 실수하면 큰일이니까요.

수업시간에 화장실 가는 것을 허용하지만 일일이 "선생님 화장실 다녀올게요"라고 말하면 수업에 방해되므로 학급 전체가 화장실 약속을 정합니다. 교실 뒤쪽에 화장실 팻말을 비치해 들게 하거나 손가락 두 개로 브이(V) 자를 만들면 화장실에 가고 싶다는 뜻으로 알고 선생님은 다녀오라고 브이(V) 자로 답을 합니다.

수업 중 화장실을 가려면 번쩍 들어서 보입니다.

감기나 배탈 설사로 등교하기 전부터 집에서 화장실을 자주 왔다 갔다했다면, 하루 정도는 집에서 쉬는 것이 좋습니다. 혹시라도 변 실수를 하면 아이는 당황하고 큰 상처가 됩니다.

　1학년은 언제든지 화장실에 갈 수 있지만 쉬는 시간에 화장실을 다녀오는 습관이 들도록 노력합니다.

학용품을 바르게 사용하고
손힘을 길러요

　요즘 아이들의 손 조작능력은 예전보다 훨씬 떨어진 것 같습니다. 젓가락질, 연필 바르게 잡기, 가위질, 종이접기, 풀칠도 어려워하는 아이들이 많습니다. 아이의 조작능력이 떨어진 이유 중 하나는 생활에 필요한 기본 도구를 사용하는 횟수가 적고 책과 연필만 있으면 되는 지식 위주의 교육을 많이 받기 때문입니다. 손을 많이 사용하면 뇌가 자극받아 머리가 좋아진다는 것은 널리 알려진 사실입니다. 요즘 아이들은 놀잇감을 만들어 쓰거나 자연물을 갖고 놀던 시대와 달리 손을 사용하는 횟수가 많이 줄었습니다. 또 TV나 휴대전화의 발달로 간단한 조작만으로도 정보를 받아들이는 데 익숙해 져 있습니다.

　이러다 보니 학교에 와서 여러 가지 활동을 할 때 손을 이용하여 도구를 사용해야 하는데, 손힘이 없어서 아이들은 많이 당황합니다. 엄지, 검지, 중지로 연필을 잡아야 하는데 손힘이 없어서 연필을 대충 잡고 글씨를 씁니다. 가위질도 어설프게 합니다. 종이접기를 할 때도 끝을 맞춰 정확히 접는 것을 힘들어합니다. 손힘을 기르려면 밀가루 반죽 놀이, 퍼즐 맞추기, 공기놀이, 책장 넘기기, 레고, 가위질, 찰흙 놀이 같은 소근육을 사용할 수 있는 놀이가 좋습니다. 아이가 도구를 사용하는 것이 위험하거나 어설프다고 연습할 기회를 뺏으면 안 됩니다. 도구 사용을 통해 인간의 능력이 개발된다는 것을 알고, 가정에서도 안전한 방법으로 꾸준히 생활 도구를 사용하는 기회를 늘리도록 해 주세요.

학용품을 바르게 사용해요

❶ 색연필

색연필은 12색 정도가 좋으며 주로 색칠할 때 간편하게 사용합니다. 종이에 둘둘 말린 색연필, 연필 형태의 색연필보다는 스프링을 돌려서 사용하는 것이 좋습니다. 색연필을 사용할 때는 부러질 염려가 있으니 너무 색연필 심을 길지 않게 0.5cm 정도로 나오게 하여 사용합니다. 너무 힘주어서 쓰면 종이가 찢어지거나 색연필 심이 부러지므로 적절하게 힘 조절을 해야 합니다. 힘을 주는 강도에 따라 연하게, 또는 진하게도 색을 칠할 수 있으니 힘의 강약을 조절하는 방법도 익힐 수 있습니다.

❷ 크레파스

주로 24색을 쓰며 그림을 그리거나 색칠하는 데 사용합니다. 색연필보다 굵은 선을 표현할 수 있고 진하게 색칠할 때 주로 쓰는 재료입니다. 힘을 주면 잘 부러지고 교실 바닥에 떨어지면 주변이 더러워지므로 떨어뜨리지 않도록 주의합니다. 24색 각각의 크레파스에 이름표를 붙입니다.

❸ 가위

안전가위를 준비하고 아이가 왼손잡이라면 왼손잡이용 가위를 준비합니다. 교실에서는 가위질을 많이 하는데 가위로 잘 오리는 아이가 있는가 하면, 잘 못하는 아이들은 가위 잡는 것조차 어설픕니다. 가위질이 서툰 아이들은 선 따라 오리기를 놀이 삼아 연습합니다. 처음부터 너무 정교한 것보다는 덩어리가 크고 단순한 것을 오려서 성취감을 느끼게 하고 두께도 다양한 것을 주어 적응하도록 합니다. 재활용하는 신문지를 이용하여 신문에 나오는 다양한 형태를 오리는 연습을 하면 좋습니다. 완벽하게 선을 따라 오려야 한다고 생각해서 가위질을 힘들어하는 아이도 있는데 완벽하지 않아도 괜찮습니다.

❹ 풀

학교에서는 주로 딱풀을 사용합니다. 자주 쓰는 물건이니 넉넉하게 사 두고 본체와 뚜껑에 이름표를 붙입니다. 풀 뚜껑을 아무렇게 놓아 잃어버리는 경우가 종종 있습니다. 잃어버려도 다시 찾을 수 있도록 이름표를 붙이거나 몸체와 뚜껑을 찍찍이를 이용해 연결하는 것도 좋습니다. 풀칠할 때는 테두리를 먼저 하고 가운데 부분을 풀칠하도록 합니다. 풀칠할 종이 아래에는 이면지나 신문지를 깔고 하면 책상이나 책에 풀이 묻지 않습니다.

❺ 색종이

1학년 교실에서는 색칠하고, 오리고, 접는 활동을 많이 합니다. 색종이 접기는 소근육을 사용해 단계별로 주어진 과제를 완성해 나가게 됩니다. 넉넉하게 색종이를 준비해 두고 필요할 때마다 접기, 오리기, 찢기, 붙이기 같은 다양한 활동에 사용합니다. 수준에 맞는 종이접기 책을 구해 하나씩 따라 하면서 아이가 스스로 문제를 해결해 나가는 태도를 기르는 것도 좋습니다. 색종이를 이용한 종이접기는 소근육 발달을 도울 뿐만 아니라 성취감을 느낄 수 있는 좋은 취미활동입니다.

❻ 자

초등학교 1학년 때는 자를 자주 사용하지는 않지만, 처음부터 바르게 사용하는 법을 배워야 합니다. 가로선을 그릴 때는 자를 아래에 두고 연필을 자에 대고 선을 그어 나가도록 합니다. 오른손잡이를 기준으로 세로선을 그릴 때는 왼쪽에 자를 놓고 오른쪽에서 연필을 대고 위에서 아래로 긋도록 합니다.

글씨를 잘 쓰기 위해 손힘을 기르는 방법

여러 가지 선 그리기

운필력을 기르기 위해서는 많은 선을 따라 그려 보아야 합니다. 도화지나 종합장에 선을 긋는 것보다 다양한 모양의 선이 있는 학습지나 10칸 공책에 선을 따라 그리는 것을 추천합니다. 미리 인쇄된 선이 있어서 따라 그리면 아이들이 더 자신 있게 선 긋기를 할 수 있습니다.

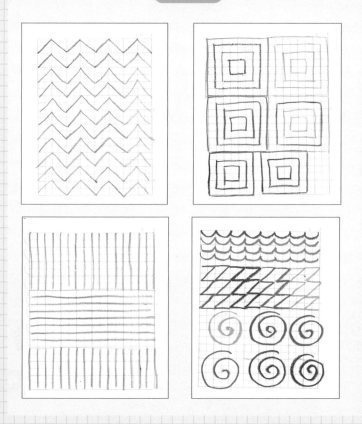

선긋기 연습

110

처음에는 연필보다는 부드러운 크레파스나 색연필로 굵고 힘 있게 직선을 따라 그리고, 부드럽게 곡선도 그리면서 자유롭게 선 그리는 연습을 합니다. 10칸 공책을 4칸 크기로 나눈 다음 자음이나 모음, 숫자를 큰 글씨로 쓰다 보면 저절로 힘이 생깁니다. 아이들은 보통 여러 가지 직선을 따라 하는 것보다 동그라미 같은 곡선을 더 어려워합니다. 눈과 손을 집중해서 곡선 연습을 많이 하도록 합니다. 선긋기나 색칠은 공부로 생각하지 말고 놀이처럼 하는 것이 좋습니다. 하루아침에 손힘이 생기지는 않으므로 아이 수준에 맞게 적절한 양을 정해 연습하도록 합니다. 학교에서는 3월에 연필로 글씨를 쓰기 전에 선 그리는 연습을 많이 하며, 색연필, 크레파스를 바르게 잡고 쓰는 방법부터 지도합니다.

찰흙 놀이

찰흙 놀이는 손힘을 기르는 데 아주 유용합니다. 잘 굳지 않는 유토*도 좋지만 청자토**를 구매하여 쓰는 것이 좋습니다. 찰흙 덩어리를 가지고 놀면 자연스럽게 손에 힘이 들어가는데 아이의 양손 주먹보다 더 큰 덩어리로 밀고, 누르고, 두드리고, 찌르기를 하면서 손힘이 길러집니다. 찰흙을 만지면 긴장감도 해소되고 이것저것 만들다 보면 흙의 촉감을 새롭게 느낄 수 있을 것입니다. 아이가 원하는 동물, 여러 가지 물건들도 만들어 보고, 공깃돌 100개 만들기 게임을 하면 아이들은 신나서 새알심 크기의 공깃돌을 만들어 내느라 손이 아픈지도 모릅니다.

찰흙으로 하는 딱지치기도 재미있습니다. 돗자리를 깔고 주먹만 한 크기의 찰흙을 준비해 딱지 치듯이 돗자리에 내리치는 것입니다. 바닥에 퍼진 찰흙 크기가 더 크면 이기며, 손의 힘도 기르고 즐겁게 놀 수도 있는 놀이입니다. 굳은 찰흙은 물이 담긴 통에 넣어 두면 다시 부드러워집니다.

*유토: 기름이 섞어 굳지 않게 만든 점토. 기름흙이라고도 한다.
**청자토: 철분이 많고, 쫀득한 성질이 있는 흙. 청자를 만들 때 쓴다.

바르게
급식을 먹어요

점심시간은 보통 4교시가 끝나고 12시 10분쯤 시작해 1시에 끝납니다. 학교에 따라 1학년은 교실에서 급식하거나, 3교시가 끝난 뒤 11시 20분에 급식을 시작하기도 합니다. 급식시간이 되면 먼저 손을 닦고 학급 규칙에 따라 줄을 서서 급식을 받아 자기 자리에 앉습니다. 급식을 받을 때는 서로 빨리 먹겠다고 밀거나 장난치지 말고 차례대로 질서를 잘 지켜야 합니다. 장난을 치다가 뜨거운 음식이 쏟아지면 화상을 입을 염려가 있으니 주의합니다. 식판을 들고 움직일 때는 국물이 쏟아지거나 음식이 섞일 염려가 있으니 수평으로 들고 천천히 이동합니다. 가정에서도 싱크대에서 식탁으로 음식을 나르거나 다 먹은 그릇을 가져다 놓는 일을 해 보면 도움이 됩니다.

먹을 때는 돌아다니지 않고 제자리에 앉아서 차분하게 먹습니다. 음식을 입에 넣고 말을 하는 것은 음식이 튀어나올 수 있어서 좋지 않습니다. 급식을 다 먹고 나면 선생님께 확인을 받습니다. 다 먹고 남은 음식은 음식 찌꺼기 통에 넣고 숟가락과 젓가락을 분리해서 반납합니다. 식사를 빨리 끝냈다고 돌아다니거나 장난치면, 아직 식사하는 아이들에게 피해가 갑니다.

학교 급식은 아이들의 바른 식습관을 형성하고 건강한 신체발달을 돕기 위해 균형 잡힌 식단을 제공합니다. 급식시간 아이들의 모습을 살펴보면 여러 가지입니다. 밥 먹기가 싫어 바라보기만 하는 해바라기형, 밥 한 조각 입에 넣고 하늘 쳐다보는 병아리형, 채소 반찬이 싫어 밥만 먹는 채소 거부형, 무엇이든지 주는 대로 맛있게 먹는 무한 긍정형이 있습니다.

학교 현장에서 보면 갈수록 급식을 거의 먹지 않고 남은 밥을 처리하는 1학년이 많이 늘고 있습니다. 식습관은 공부만큼 중요한데 급식 지도는 결코 쉬운 일이 아닙니다. 평소 가정에서 식습관이 바르게 형성되지 않고 골고루 음식을 먹지 않으면 학교 급식에서도 어려움을 겪게 됩니다.

학교에서는 강제로 먹일 수 없어서 일단 골고루 먹도록 권하고 자율적으로 지도하고 있지만, 자신이 좋아하는 것만 먹는 습관이 있어 메뉴가 마음에 들지 않으면 급식을 거의 먹지 않는 아이들도 있습니다. 가정에서도 너무 적게 먹을 때에는 양을 서서히 늘려가고 조금이라도 골고루 먹는 습관을 지닐 수 있도록 지도해 주세요.

알레르기 체질이나 건강상 이유로 음식에 주의해야 하는 아이는 학기 초 가정통신문 안내에 따라 꼭 담임 선생님께 알려야 합니다. 가정에서 달마다 나오는 급식표를 확인하고 아이에게도 미리 주의하도록 알려 주는 게 좋습니다. 초등학교 저학년은 평생의 식습관이 형성되는 시기이므로 가정에서도 함께 노력해 나가야 합니다.

바른 자세를
익힙니다

　초등학교 교육은 학교 교육의 시작이므로 기본 교육에 초점을 맞추어야 합니다. 기본 교육 중 하나가 '바른 자세로 앉기'입니다. 1학년이 40분 내내 바른 자세로 앉아 있기는 힘든 일이라 40분 내내 바른 자세를 강요하지는 못하지만, 단 5분이라도 바른 자세로 앉는 습관을 들여야 합니다. 학교생활은 이제 시작이니까요. 입학하고 처음 수업을 시작하며 아이들의 자세를 보면 웃음이 절로 나옵니다. 의자에 기대서 반쯤 드러누워 있는 아이, 왼손은 항상 책상 아래 내려놓고 삐딱하게 몸이 기울어져 있는 아이, 의자를 건들건들하다가 뒤로 넘어지는 아이도 있습니다. 의자에 앉을 때는 의자에 엉덩이를 깊숙이 집어넣고 허리를 펴고 앉습니다. 바른 자세로 앉으면 자세가 안정되기 때문에 글씨도 바르게 쓸 수 있습니다.

　가정에서도 가슴을 활짝 열고 허리를 세워 몸을 쭉 피고 앉는 자세를 연습합니다. 유난히 바른 자세로 앉기 힘들어하는 아이는 대부분 체력이 약한 아이들이 많습니다. 체력을 보충하는 바른 식습관과 꾸준한 운동으로 체력을 다지도록 합니다.

성장기 아이들은 뼈가 유연하고 약해서 어떤 자세를 취하느냐에 따라 허리가 많이 휘어진다고 합니다. 자세가 나쁘면 청소년기에 척추측만증으로 고생하기도 합니다.

자기소개
연습을 해요

입학 다음 날에는 친구들 앞에서 간단하게 자기를 소개하는 시간이 있습니다. 간단한 것도 문장으로 말하라고 하면 아이들은 당황해하기 때문에 미리 집에서 연습이 필요합니다.

"저는 ○○초등학교 1학년 ○반 ○○○입니다."

첫날은 학교, 반, 이름을 말하고 3월 학부모 공개수업 때는 장래 희망이나 좋아하는 것, 짝꿍을 소개하기도 합니다. 집에서 미리 준비하고 연습해 두면 앞에 나갔을 때 잘할 수 있고 자신감도 높아집니다.

"저는 ○○초등학교 1학년 ○반 ○○○입니다.

"우리 가족은 ○명입니다."

"저는 ○○을 좋아합니다."

"저는 ○○을 잘해서 ○○○○이 되고 싶습니다."

처음에는 목소리가 잘 들리지 않던 아이들도 여러 번 연습하면 대부분 잘할 수 있습니다. 소심하고 부끄러움을 많이 타는 아이일수록 큰소리로 연습해서 속상해하는 일이 생기지 않도록 합니다. 연습을 많이 해서 한번 자신감이 생기면 그다음부터는 아이들이 스스로 발표를 잘합니다.

공개수업에 가면 아이들의 발표 모습이 얼마나 다양한지 알게 됩니다. 씩씩하게 또박또박 큰소리로 발표하는 아이, 목소리가 들리지 않아 무엇을 말하고 있는지 알 수 없는 아이, 떨려서 할 말을 잊어버려 당황하고 우는 아이, 안 하겠다고 버티는 아이도 있습니다. 내 아이가 잘하면 부모님 얼굴에는 활짝 웃음꽃이 핍니다. 그렇지 않다고 아이를 나무라지 마시고 계속 말하기 연습을 도와주세요. 좀 마음에 들지 않더라도 아이가 노력했다면 "연습을 열심히 하더니 지난번보다 훨씬 좋아졌더라" 하면서 꼭 칭찬하고 격려해 줍니다. 정확한 발음과 큰 목소리로 말하는 것은 하루아침에 되지 않습니다. 큰소리로 책을 읽으면 말하기에 도움이 될 수 있으니 날마다 시간을 내어 부모님과 아이가 함께 책읽기를 합니다.

빨리 보다는
최선을 다하는 아이

1학년 아이들의 수준과 성향은 아이들 숫자만큼 다양합니다. 아이마다 개인차가 있어서 1학년 교실에서는 빨리 과제를 해결한 아이라도 다른 아이들에게 방해가 되지 않도록 주의합니다. 아이가 좀 느리다고 해서 걱정할 필요는 없습니다. 꾸준하고 성실한 아이들은 처음에 좀 느리더라도 학기가 끝나갈 즈음에는 부쩍 성장해 있습니다. 먼저 공부해서 조금 많이 안다고 불성실한 아이보다 늦더라도 성실하게 노력하는 아이가 학교에서는 더 칭찬을 받습니다. 한 학기 정도 지나면 아이들의 수준 차이는 금방 극복됩니다.

무엇이든지 급하게 대충하는 아이 vs 성실하게 노력하는 아이

선생님이 지도하기 어려운 아이는 무엇이든지 빨리하고 대충 넘기는 아이입니다. 기질적으로 성격이 급하거나, 뚝딱 해치우고 그저 놀고 싶어 하는 것이거나, 무엇이든 대충하는 습관이 몸에 밴 경우지요. 또 이미 알고 있다고, 전에 다 해 봤다고 대충대충 하는 아이도 있습니다. 입학 전부터 학습지나 여러 가지 사교육을 경험하면 스스로 잘 안다고 생각해서 주어진 학습활동에 집중하지 못하고 대충하는 경향을 보입니다. 이런 경우 시험 점수에는 예민하지만 대부분 활동에서 성실함이 부족합니다. 글씨도 대충 쓰고, 학습지 문제도 제대로 읽지 않고 마음대로 풀어놓고는 제일 먼저 검사받는 것에만 매달립니다. 이런 아이들은 시간이 지나도 제대로 된 발전을 기대하기 어렵습니다.

성실하게 과제를 하면서 최선을 다하는 아이, 어려워도 차근차근 문제를 풀어나가는 아이는 선생님의 칭찬을 받습니다. 글씨 쓰기, 색칠하기, 오리기를 하면서 처음에는 미숙한 점이 많아도 선생님이 이끌어 주는 대로 따라오면서 점점 성장하는 모습을 보면 선생님은 감동하고 열의를 다집니다.

초등 학교생활에서 가장 중요한 것은 성실한 태도입니다

1학년 학교생활 시작은 꾸준히 성실하게 제대로 해 나가야 하는 것을 익혀야 합니다. 성실함만 있다면 아이는 언제 어디서나 성장해 나갈 수 있습니다. 그런데 성실한 태도는 하루아침에 갖추어지지 않습니다. 어릴 적부터 부모님의 칭찬과 격려를 받으며 조금씩 쌓여 이루어지는 결과물입니다. 칭찬받고 자란 아이는 칭찬에 부응하기 위해 더욱 열심히 하고 계속 인정받으려고 합니다. 초등학교 1학년 아이들은 부모님이나 선생님에게 인정받고자 하는 욕구가 강합니다. 칭찬이 칭찬을 부른다는 것을 꼭 기억해 주세요.

올바른 칭찬

칭찬할 때는 무조건적인 칭찬이 아니라 아이를 긍정적으로 변화시킬 수 있는 올바른 칭찬을 해 주어야 합니다. 올바른 칭찬은 결과가 아니라 과정과 노력하는 모습에 초점을 맞추는 것입니다. 굳이 노력하지 않아도 얻을 수 있는 것이나 아이의 타고난 특성에 대해 칭찬하기보다는 아이의 도전과 노력한 과정을 구체적으로 칭찬해야 합니다. 결과만 놓고 칭찬하게 되면 아이는 칭찬에 집착하게 됩니다.

"○○는 키가 커서 정말 멋지다." (×)
"○○는 눈이 커서 참 예쁘구나." (×)
"너도 형만큼 정말 머리가 좋구나." (×)
"많이 노력하더니 이제는 혼자 잘 일어나서 대견하다." (○)
"어쩜 그렇게 책을 열심히 읽니? 대단하다!" (○)
"알림장도 스스로 알아서 잘 챙기네. 엄마는 든든해!" (○)
"늦어서 귀찮을 텐데 정리를 다 했네. 최고!" (○)
"열심히 줄넘기를 연습하더니 결국은 해 냈구나" (○)

잘못했을 때도 잘못을 콕 짚어서 지적하기보다는 때로는 잘못을 보아도 못 본 척 넘어갈 필요가 있습니다. 대신 칭찬할 것이 보이면 크게 칭찬하도록 합니다. 간혹 노력을 끌어내기 위해 장난감, 휴대전화, 금전적 보상을 조건으로 걸기도 합니다. 이런 물질적 보상은 바람직하지 않습니다. 처음에는 효과가 있을지 모르지만 아이는 점점 칭찬보다는 물건에 집착하게 되고 보상이 크지 않으면 시큰둥해집니다. 부모님의 따뜻한 마음이 담긴 칭찬, 아이 스스로 동기 부여가 될 만한 격려로 충분합니다.

친구랑 잘 지내는
아이가 공부도 잘한다

좋은 친구를 찾기보다는 먼저 좋은 친구가 되기

누구나 낯선 환경에 놓이면 긴장하고 약간의 두려움이 생기기 마련입니다. 1학년 아이들도 새로운 학교, 친구, 선생님을 만나면 적응할 때까지 많이 힘들어합니다. 학교는 가정이라는 울타리를 벗어나 선생님, 친구들과 관계를 맺으며 소통하는 법을 배우는 공동체입니다. 학급에 소속감을 느끼고 친구들과 교류하면서, 또 서로 존중하고 이해하면서 원만한 관계를 맺어 나가야 성공적인 학교생활이 됩니다.

아이들이 입학하면 선생님은 아이들을 세심하게 관찰해서 짝을 배정하고 모둠을 구성해서 서로 도움을 주고받는 경험을 할 수 있도록 합니다. 또 학습 준비물 배부, 다른 반 심부름, 우유 나누어주기, 시간표 교체하기 같은 학급 봉사 과제를 정하고 개인별로 맡게 하여 학급에 대한 소속감을 느끼는 기회를 만들어 줍니다. 이런 많은 일들을 해 나가면서 아이가 칭찬과 격려를 받으면 학급에 필요한 사람이라고 생각하고 활기차게 학교생활을 합니다.

1학년 부모님들은 아이가 학교에서 친구랑 잘 지내는지 궁금해하고 염려하기도 합니다. 기질적으로 친구들과 어울리는 것에 시간이 필요한 아이도 있고 친구들과 활발하게 노는 아이들도 있습니다. 하지만 활발하게 누구와도 잘 지내는 아이는 옳고, 혼자 노는 아이는 문제가 있다고 생각하면 곤란합니다. 하지만 아이가 학교생활에서 친구 놀이에 함께하고 싶은데 힘들어하거나 고민을 한다면 담임 선생님과 부모님은 아이가 친구랑 잘 지내도록 도움을 주어야 합니다. 부모님과 상담을 할 때는 먼저 가정에서 가족끼리 잘 지내면 학교에서 친구 관계도 걱정할 필요가 없다고 말씀드립니다. 어릴 때부터 부모님과 좋은 관계를 맺으며 자란 아이는 다른 사람과도 자연스럽게 새로운 관계를 맺을 수 있습니다. 반면 부모님과 제대로 신뢰감을 형성하지 못했다면 다른 사람과 새로운 관계를 맺을 때 어려움을 겪을 확률이 높아집니다.

부모님의 양육 태도가 아이의 사회성에 미치는 영향

권위적이고 엄격한 훈육 태도를 지닌 부모님 밑에서 자란 아이는 주눅이 들고 주변 눈치를 보는 경향이 있어서 다른 사람과 관계 맺는 게 어렵습니다. '다른 사람이 나를 싫어하면 어쩌나?' 하는 두려움이 마음속에 자리 잡고 있기 때문입니다. 부모님이 개방적이고 아이의 의사를 존중하며 일관적인 양육 태도를 보인다면 아이는 부모님뿐만 아니라 다른 사람에 대해서도 기본적인 신뢰감을 형성하게 되어 새로운 관계 맺기를 두려워하지 않습니다. 아이의 사회성 발달에는 아빠의 영향이 크다는 연구결과가 있으니 아빠도 아이의 일상을 관심 있게 살피고 함께 보내는 시간을 많이 갖는 것이 좋습니다.

친구와 함께 놀고 싶다면 같이 놀자고 말하기를 연습합니다

친구들 놀이에 함께하고 싶은데 친구들이 같이 놀자고 하지 않는 때에는 "친구야, 나도 같이 놀자."라고 말하는 용기가 필요합니다. 용기를 내려면 직접 소리 내 연습해 보는 것이 좋습니다. 상황이 여의치 않아 친구들과 함께하지 못해도 다른 친구들에게 내가 함께하길 원하는 의사 표현만이라도 한 걸음 나간 것이니 부모님께서는 칭찬해 주고 격려하고 기다리는 지혜가 필요합니다.

또래와 놀 기회를 많이 만듭니다

예전에는 형제자매가 많고 학교가 끝나면 가방을 던져두고 해가 질 때까지 동네 친구들과 어울려 노느라 정신이 없었습니다. 요즈음은 외동아이도 많고 방과 후 수업, 학원과 여러 가지 활동에 바빠서 놀이터에 나가도 같이 놀 수 있는 친구가 없다고 합니다. 어릴 때 친구가 소중한 것은 같은 동네에서 자라 중학교, 고등학교까지 함께 진학하면 어른이 되어서도 친구가 되기 때문입니다. 아이가 친구와 지내는 것을 어려워한다면 부모님부터 주변 지인들과 많이 교류하고 친척, 이웃들과 자주 어울리도록 합니다. 또 같은 학급의 학부모님들과도 교류하는 게 좋습니다. 공감대가 많아서 부모님께 도움이 될 뿐만 아니라 아이가 친구를 사귈 기회도 만들 수 있습니다.

아이에게 같은 반 친구 중에 함께 놀고 싶은 아이가 있는지 물어보고 먼저 친구를 초대해 함께 놀 수 있는 시간을 마련합니다. 친구 엄마도 같이 초대해서 차를 마시며 학부모가 된 심정을 나누는 것도 좋겠지요? 함께 놀고 싶은 친구의 엄마가 직장에 다닌다면 꼭 미리 연락해 허락을 구하고 집으로 데려옵니다. 또 정기적으로 만나 친구와 함께할 수 있는 운동이나 도서관, 박물관, 미술관에 가는 체험학습 계획을 세워보는 것도 좋습니다.

생일잔치를 통해 친구와 어울릴 기회 만들기

거절당할까 봐, 혹시 친구가 싫어할까 봐 먼저 다가가지 못하고 망설이는 아이도 있습니다. 이런 마음이 오래 계속되면 자존감이 떨어질 수 있어서 부모님의 도움이 필요합니다. 생일잔치는 아이가 자신을 드러낼 좋은 기회입니다. 전학을 온 경우에도 친구를 빨리 사귀고 싶다면 생일잔치를 당겨서 하는 것을 추천합니다. 생일잔치를 통해 아이는 존재감을 느낄 수 있고 기를 한껏 살릴 수 있습니다. 우선 초대장을 만들어 아이가 직접 반 아이들 전체에게 나누어 주도록 합니다. 생일에는 음식과 함께 아이들이 함께 놀 수 있는 프로그램과 간단한 상품을 준비하는 것도 좋습니다.

126

함께 신나게 놀고 나면 아이들은 친한 친구라는 생각을 하게 됩니다. 생일 초대를 한 친구는 다음에 다른 친구의 생일잔치에 초대받아 가게 되고 그러면 자연스럽게 친구와 어울리게 될 것입니다.

담임 선생님께 도움 청하기

담임 선생님께 아이의 친구 관계에 대해 도움을 청할 수도 있습니다. 담임 선생님은 학급에서 아이들이 서로 잘 지내도록 늘 관심을 가지고 노력을 기울이고 있습니다. 친구 관계가 힘든 아이가 있다면 비슷한 성향의 아이, 또는 모든 친구와 두루 친하게 지내는 아이를 짝으로 정해 주거나 같은 모둠으로 묶어 함께 활동하도록 기회를 만들어 줄 수 있습니다.

목마른 사람이 우물 판다

친구랑 잘 지내는 것이 어려운 아이는 부모님께서 여러 가지 노력을 기울여야 합니다. 1학년 때 친구들과 잘 지내는 법을 배우면 고학년이 되어서도 잘 지냅니다. 학년이 올라갈수록 친구 사귀기가 더 힘들어지는데, 자아가 강해지고 개성이 생겨서 아이들이 자기와 맞는 친구만 찾기 때문입니다. 아이가 초등학교에 입학하면 학습지나 학원을 고민하기에 앞서 아이가 친구와 잘 지내는지 잘 살펴보시고 적절한 도움을 주시길 바랍니다.

친구랑 잘 지내는 법

짝이랑 사이좋게 지내요

수업시간에 짝과 한 팀으로 게임을 하거나 활동할 때는 짝을 위해서라도 열심히 참여합니다. 남자아이 중에는 게임에 너무 몰입해서 자기도 모르게 거칠게 행동하기도 하는데 항상 상대를 배려하는 마음을 가져야 합니다. 여유 있게 준비물이나 간식을 가져와서 나누는 것도 좋습니다. 수업시간에 해야 할 일을 빨리 마치면 짝을 도와주는 것도 사이좋게 지내는 방법입니다.

놀이시간에 규칙을 잘 지켜요

놀이할 때 자기 맘대로 하거나, 게임에 졌다고 혹은 자기에게 순서가 오지 않는다고 놀잇감이나 교구를 흐트러뜨리고 우는 아이가 있습니다. 친구들 사이에서 '맨날 우는 아이', '규칙을 안 지키는 아이'로 여겨지면 따돌림을 당하게 됩니다. 놀이나 게임에서는 규칙을 잘 지켜야 더 재미있다는 것을 꼭 일러주세요.

장난으로 친구를 건드리지 않아요

친구를 좋아하는데 표현 방법을 알지 못해 친구를 습관적으로 건드리는 아이가 있습니다. 친구랑 놀 때 장난으로 툭 치거나 밀치다가 싸움이 되기도 합니다. 한쪽에서는 살짝 건드렸다고 하는데 상대 아이는 때렸다고 하면 문제가 심각해집니다. 이럴 때 판단 기준은 보통 피해를 본 쪽이 우선이기 때문에 억울한 일이 생기지 않으려면 상대방 동의 없이 건드리지 말아야 합니다. 과거와 달리 지금은 사소한 일이라고 그냥 넘어가지 않는 경우가 많습니다. 아이들이 주로 변명하는 '장난'이라는 말은 이제 통하지 않습니다. **좋아서든, 일부러든 상대방 동의 없는 모든 신체 접촉은 절대 금물입니다.**

친구의 이름을 갖고 놀리지 않아요

친구가 싫어하는 데도 계속 이름을 변형해 별명을 만들어 부르거나, 이름 일부를 반복해 부르며 놀리는 경우가 있습니다. 놀림을 당했다면 먼저 선생님께 알리고 놀림이 계속되지 않도록 해야 합니다. 반복해서 친구를 놀리면 선생님은 언어폭력으로 지도합니다. 부모님께 알리고 가정에서의 지도를 요청합니다. 폭력에 대한 적용 범위가 넓어지고 처리가 엄격해져서 아무리 작은 폭력이라도 허용되지 않는다는 것을 꼭 기억하도록 합니다.

바른 인성을
길러요

아이의 학교생활에서 최고의 가치를 꼽으라면 바른 인성이라고 할 수 있습니다. 교실에서 아이들을 둘러 볼 때도 공부 잘하는 아이보다 예의 바르고 다른 사람을 배려하는 아이에게 눈길이 더 머뭅니다. 인성교육은 가정에서 시작되고 실천됩니다. 바른 인성이 중요하다는 것을 모르지 않지만 많은 부모님께서는 공부를 최우선으로 생각하고 있습니다. 인성도 바르고 공부도 잘하면 좋겠지만 눈앞에 보이는 성적을 위해 아이들은 인성교육의 기회를 미뤄둘 때가 많은 것 같습니다. 그러다 보니 공부 말고 다른 많은 것에 서툰 아이로 성장합니다.

초등학교 1학년인데 예의 바르게 행동하는 아이가 얼마나 되겠냐고 생각하는 분도 계실 겁니다. 하지만 교실에는 좋은 품성을 보여 주는 아이들이 있습니다. 반면에 제멋대로 행동하는 아이도 있습니다. 남을 배려하고 바르게 행동하는 것은 어린 시절부터 길러지는 것이기에 학교에 앞서 가정에서 관심을 가져야 합니다. 인성교육의 중요성을 되새기고 지금부터라도 가족과 함께 보내는 시간을 늘려서 가족끼리 예의를 갖추고 배려하고 도와주는 경험을 나누어야 합니다.

좋은 인성을 길러주는 것은 미래에 큰 재산을 물려주는 것보다 더 의미 있는 일입니다. 아이들이 살아갈 미래는 바른 인성이 더욱 필요한 사회이기 때문입니다. 아무리 훌륭한 재능이 있어도 인성이 갖춰지지 않으면 재능은 빛이 나지 않습니다. 따라서 재능과 잠재력 발굴이라는 목표와 함께 인성교육은 학교 교육에서 중요하게 여기는 가치입니다.

예의 바른 행동의 시작은 인사입니다.

예의 바른 아이가 사랑받는 경우는 많습니다. 그중 인사는 사회성의 기본이고 인사만 잘해도 선생님과 친구들에게 좋은 인상을 심어줄 수 있습니다. 인사를 잘하면 어디서나 칭찬받고 인정받아서 아이는 긍정적인 자아상을 갖게 됩니다. 또 인사는 상대방을 생각하는 가장 기본적인 예절이기 때문에 인사를 받는 상대방에게 좋은 인상을 남기게 됩니다.

평소 "안녕하세요", "고맙습니다", "미안합니다"라는 인사말을 생활 속에서 사용을 합니다. 학교에서도 친구에게 "안녕", "고마워", "미안해" 같은 인사를 상황에 맞게 사용하도록 지도합니다. 학교에서 친구를 배려하고 선생님께 예의 바르게 행동하려면 가정에서 먼저 부모님께서 본보기가 되어야 합니다. 그래야 아이가 보고 배웁니다. 인사가 자연스럽지 않은 아이는 쑥스러워서 스스로 먼저 인사하지 못합니다. 빨리 인사하라고 시키기보다는 아이에게 함께 인사하자고 하는 것이 좋습니다. 부모님도 건성으로 인사하면서 아이에게 인사 제대로 안 한다고 말하면 언행 불일치를 보여 주는 경우입니다.

존댓말 사용을 연습합니다.

부모님을 비롯한 어른에게는 존댓말을 쓰는 것이 좋습니다. 가정에서 존댓말을 쓰지 않으면 학교에 와서도 담임 선생님께 반말 비슷한 말을 하는 아이들이 있습니다. 존댓말을 사용하지 않았기 때문에 어른이나 선생님께 존댓말을 하는 것이 힘든 것입니다. 이럴 때는 부모님도 함께 의도적으로 높임말을 가족 사이에서 사용해 보는 것을 권합니다. 처음에는 어색해도 곧 익숙해지고 예의 바른 어린이로 성장합니다.

거친 말을 사용하지 않습니다.

기분 좋은 말도 많은데 아이들은 어디서 들었는지 거친 말을 사용하는 경우가 많이 있습니다. 한 번 잘못 길든 말 습관은 참으로 고치기 어렵습니다. 초등학교 시절에 순수한 마음을 전하는 예쁜 말을 사용하도록 어른들이 본보기가 되고 아이들이 바른 말 고운 말을 쓰도록 지도합니다.

학교에서 보면 아이들 싸움도 말 때문에 생기는 경우가 많습니다. 상대방의 기분을 상하게 하여 갈등이 생기는데 '어쩔티비' '짱나' 같은 일부러 부정적인 감정을 표현하기 위해 말하기보다 의미 없이 주워 담은 말을 단순하게 사용하면서 친구들이나 다른 사람을 불편하게 하는 것입니다. 아이들이 나쁜 말이나 거친 말을 사용한다면 훈육이 필요하고 "미안해", "감사합니다", "사랑해", "고맙습니다" 같은 사람의 마음을 움직이는 말들을 아이들이 자주 사용하도록 어른들이 먼저 사용해서 자연스럽게 따라 하도록 합니다. 아이는 부모의 거울이라는 사실을 기억하면서요.

활동적인 것과 예의 없는 것은 다릅니다

아이를 기죽이지 않겠다고 예의 없는 행동을 마냥 내버려 두면 예의 바른 행동을 배울 기회를 놓치고 버릇없는 아이로 만듭니다. 잘못된 행동에 대해서는 따끔하게 야단을 치고 잘한 행동에 대해서는 아낌없이 칭찬해 줍니다. 흔히 부모님들은 아이가 바른 행동을 하면 당연하다고 생각하고 바르지 않은 행동만 꼬집어 훈육합니다. 그러나 사소해 보여도 아이가 잘한 일에 대해서는 적극적으로 칭찬해야 합니다. 그렇다고 아이의 행동 하나하나를 '잘했다', '못했다'로 평가하는 것은 바람직하지 않습니다. 적절한 칭찬과 격려로 바르게 행동하려는 아이의 의지를 강하게 하고, 그 힘으로 스스로 바르게 행동하는 선순환이 이루어지도록 이끌어 줍니다.

학사력
챙기기

대부분 초등학교는 연간 학사일정을 학부모에게 공개하고 달력 형식으로 만들어 가정에 배부합니다. 이것을 학사력이라고 합니다. 1년간 학교의 주요 일정이 다 나와 있으므로 각종 대회 및 행사를 미리 확인하고 준비할 수 있습니다. 임원 선거, 학부모 총회, 공개수업, 현장체험학습, 운동회, 발표회와 학교의 중요한 행사 일정을 살피고 되도록 행사날을 피해 개인 일정을 계획하도록 합니다. 현장체험학습과 가족여행이 겹치면 아이는 둘 다 가고 싶어서 속상해할 수 있습니다.

학교 행사는 많이 참여하는 것이 좋습니다

학교 행사는 모두 참여해야 하는 것이 있고, 희망자만 참여하는 것이 있습니다. 가능하면 많이 참여하기를 권합니다. 수상 여부를 떠나 다양한 경험을 할 기회이기 때문입니다. 적극적으로 준비하고 참여하는 과정에서 아이는 많이 배우고 성장할 수 있습니다. 상까지 받는다면 아이는 자신이 도전한 일에 성취감을 느끼고 자존감도 높아질 것입니다. 상을 받지 못한다고 해도 부모님은 아이의 노력과 도전에 대해 칭찬을 아끼지 말아야 합니다. 작은 노력이 쌓이면 실력이 되고 실력이 쌓이면 성장합니다. '생각만 하는 것은 안 하는 것과 똑같다'라는 말이 있습니다. 아직 커나가는 꿈나무들이 도전하고 실천하는 경험을 통해 진로를 찾고 각 분야에서 저마다 능력을 발휘하는 사람으로 성장하길 바랍니다.

미리 보는 1학년 학교 행사

3월

시업식

시업식은 새 학년 새 학기를 시작하는 행사입니다. 보통 3월 2일로 새로운 학년과 반으로 등교해서 새로운 선생님과 친구들을 만납니다. 전학을 간다면 시업식에 맞춰 전학하는 것이 좋습니다.

입학식

초등학교 시작을 알리는 입학식은 학교 운동장이나 강당에서 하며, 보통 오전 11시에 시작해서 한 시간 정도 걸립니다. 30분 전에 미리 학교에 도착해서 게시판에 있는 학년 반 배정표를 보고 담임 선생님을 찾아가 인사하고 이름표와 안내 자료를 받습니다. 입학식이 끝나면 학교를 둘러보거나 가족끼리 기념사진을 찍습니다. 담임 선생님께 꼭 알려야 할 전달 사항이 있으면 입학식 날이라도 면담을 신청합니다.

학부모 총회, 공개수업

3월 중순쯤 학부모 총회 겸 공개수업이 있습니다. 5교시에 공개수업이 이루어지고 수업이 끝나면 이어서 학부모 총회가 진행됩니다. 1학년 학부모님은 학부모 총회에 꼭 참석하도록 합니다. 총회에서는 담임 선생님의 교육방침을 들을 수 있고, 녹색 어머니회, 도서위원 같은 학부모 조직이 구성됩니다. 같은 반 학부모 모임에 참여하면 친목을 다지고, 정보도 교환하며 아이의 학교생활에서 여러모로 도움을 받을 수 있습니다.

회장단 선거

1~2학년을 제외한 학급에서는 3월 중 학급 회장단 선거가 진행됩니다. 1학년은 돌아가면서 회장 역할을 해 보기는 하지만 공식적으로 회장 선거를 치르지는 않습니다.

방과 후 수업 시작

방과 후 수업은 정규교과에서 다루지 못하는 다양한 영역의 프로그램이 진행됩니다. 미리 배부된 가정통신문을 보고 아이와 상의하여 축구, 농구, 바이올린, 미술이나 원하는 강좌를 신청하면 됩니다. 비교적 적은 비용으로 수강할 수 있고 다양한 강좌가 학교라는 한 공간에서 진행되기 때문에 안전하고 편리합니다. 신청이 몰리는 인기 강좌는 추첨을 통해서 수강자를 선발합니다.

학교 설명회

학교 설명회는 아이가 다니는 학교가 어떻게 운영되는지 알아볼 기회입니다. 학교에 대한 정보가 없는 1학년 때는 학교 설명회에 참여해 보는 것도 좋습니다. 교무, 교육과정, 생활지도, 과학정보, 문·예·체의 부서별로 학교 교육 활동에 대한 안내가 이루어집니다. 부모님의 참여를 높이기 위해 저녁 시간에 실시하기도 하므로 참석해 학교에 대한 이해를 높이고 궁금점을 푸는 기회로 삼으시기 바랍니다.

4월

학부모 상담 주간

상담 주간은 1학기, 2학기 각각 1~2주일에 걸쳐서 실시합니다. 상담 주간 가정통신문을 받으면 학부모님이 상담 가능한 날을 적어 회신서를 보내야 합니다. 선생님은 학부모가 신청한 시간을 최대한 고려해서 최종적으로 정해진 상담 시간을 각 아이에게 통보합니다. 직장에 다니는 부모님을 위해 주간 시간 외에도 전화 상담이나 야간 상담도 열려 있습니다. 보통 1학기 상담은 부모님이 아이에 대해 담임 선생님께 알리는 기회이고, 2학기에는 아이가 어떻게 학교생활을 하고 있는지 선생님의 조언을 듣는 시간입니다. 상담할 때는 궁금한 점을 미리 적어가는 것이 좋습니다. 혹시 아이에 대해 부모님 생각과 다른 견해를 듣는다면 잘 받아들여서 아이 양육에 도움이 되셨으면 합니다.

과학의 달 행사

4월은 과학의 달이라 1학년은 과학 상상화 그리기 대회를 합니다. 미리 대회를 준비하기 위해 1학년 수준에 맞는 과학 도서를 읽거나 영화나 전시를 보고 상상의 나래를 펼쳐 봅니다. 부모님과 나누는 대화는 아이가 생각을 정리하고 감성을 일깨우는 데 도움이 됩니다.

현장체험학습

4~5월이 되면 학년 수준에 맞는 활동 장소를 선정해 야외 현장체험학습을 진행합니다. 보통

버스를 타고 한두 시간 정도 이동하기 때문에 멀미하는 아이라면 미리 멀미약을 챙겨 먹도록 합니다. 또 간단하고 소화가 잘되는 도시락과 따뜻한 물을 준비합니다. 과자를 봉지째 가져오면 다 먹지 못해 부스러지거나 쏟아질 수 있으니 적당량을 덜어서 보냅니다. 음료수는 뚜껑을 열고, 닫기 편한 것으로 보내 주시고 개인용 돗자리를 준비합니다. 개인용 돗자리는 미리 집에서 펴고 접는 연습을 해 둡니다. 또 분실 위험이 있는 고가의 물건은 가져가지 않도록 합니다.

학생 정서행동특성검사

해마다 1학년과 4학년을 대상으로 정서, 행동문제와 학교 부적응을 예방하고 관리하는 차원에서 검사가 실시됩니다. 온라인 또는 서면으로 검사가 이루어지며, 가정통신문을 받으면 정해진 날짜에 꼭 참여하도록 합니다. 설문을 꼼꼼하게 읽고 아이에게 평소에 특별한 문제가 없으면 최근 3개월 동안 행동을 기준으로 허용적으로 답을 합니다.

5월

가정의 달 행사

어린이날 행사로 '소 운동회'가 열리고 어버이날을 앞두고 카네이션을 만들고 감사 편지 쓰기를 합니다.

체격 검사

학생 건강검진 대상인 1학년, 4학년을 제외한 학년은 체격 검사를 합니다. 키, 몸무게, 시력과 아이들의 기본적인 신체발달 정도를 측정합니다.

6월

학생 건강검진

1학년과 4학년은 학생 건강검진 대상자로 지정한 병원에 가서 키, 몸무게, 시력, 혈액검사, 소변검사, 치과 검진을 받습니다. 미루다가 기한을 놓치지 않도록 건강검진 가정통신문을 받으면 바로 일정을 잡고 정해진 기간 내에 빠짐없이 검진받도록 합니다. 건강검진이 완료되면 선생님께 알립니다.

호국 보훈의 달 행사

6월은 호국 보훈의 달로 현충일의 의미를 알고 태극기 게양 교육도 진행합니다.

7월~8월

여름방학과 2학기 개학

7월 말쯤 여름방학이 시작됩니다. 방학에 앞서 여름방학 계획을 세우고 물놀이 안전 수칙도 배웁니다. 2학기 개학은 8월 20일 전후로 합니다.

9월~10월

운동회

9월 말이나 10월 초에 전교생이 참여하는 대운동회가 열립니다. 2학기 개학과 함께 학년 별로 운동회 준비도 시작됩니다.

2학기 회장단 선거

1학기와 달리 2학기에 학급회장에 선출되려면 한 학기 동안 학급 친구들에게 신뢰를 쌓아야 합니다. 처음 회장 선거에 도전한다면 2학기보다 1학기 선거에 출마하는 것이 좋습니다. 모두 서로 낯선 상황이라 충분히 연습해서 자신감 있게 큰 목소리로 친구들을 설득하면 당선될 확률이 높습니다.

가을 현장체험학습

가을 현장체험학습은 주로 계절 체험과 진로 체험으로 이루어집니다.

11월

독서토론회

주로 5~6학년 위주의 행사로 독서교육 차원에서 독서토론회를 개최하는 학교가 많습니다. 학교에서 선정한 책을 미리 읽고 제시된 주제에 따라 자기 생각을 발표하고 토론하는 행사입니다. 학교 대표로 선출되면 지구대회, 교육청 대회에 나가기도 합니다, 토론에 관심이 있는 학생은 미리 준비하도록 합니다.

학예회

보통 운동회와 번갈아 격년제로 열리는 가장 큰 학교 행사 중 하나입니다. 학급당 발표회를 중심으로 방과 후 수업 발표회가 이어지기도 합니다. 1학년은 주로 단체로 노래와 율동을 하거나 간단한 악기 연주를 합니다. 학교 여건에 따라 학부모님을 초대하기도 하고 학급에서 작은 발표회로만 진행되기도 합니다.

12월

겨울방학

크리스마스 전후로 겨울방학을 시작하고 1월 말이나 2월 초에 개학합니다.

1월~2월

개학식

겨울방학이 끝나고 개학을 하면 1년 마무리 수업을 준비합니다.

종업식

2월 초 각 학년을 마무리하는 종업식을 진행합니다. 올라갈 학년의 반이 배정되고 2학기 학교생활에 대한 성적표가 배부됩니다.

3장

교과 공부를
시작해요

흥미와 호기심으로
공부의 물꼬를 틉니다

흥미와 호기심은 무엇을 알고자 하는 강력한 동기이자 재미있게 공부할 수 있는 바탕입니다. 지식을 달달 외워서 만점을 받겠다고 하는 공부는 능동적인 학습 능력을 무너뜨리고 무기력한 학습 태도를 갖게 합니다. 높은 점수에 대한 집착을 버리고 아이가 보여 주는 흥미와 호기심을 잘 관찰해 보세요. 흥미와 호기심이 확장되어야 진짜 공부를 잘하는 아이로 성장할 수 있습니다.

먼저 아이의 손을 잡고 도서관이나 서점에 가 봅니다. 책을 읽다가 관심을 보이는 부분이 생기면 거기서 새로운 공부를 하나씩 펼쳐 갑니다. 예를 들어 아이가 공룡을 좋아한다면 공룡에 관한 책을 찾아 읽습니다. 책을 읽을 다음 공룡을 여러 특징으로 분류해 보기도 하고, 고고학자가 되어 공룡이 살았던 시대를 상상해서 화석으로 재현을 해 보기도 합니다.

공룡 알을 만들어 덧셈 뺄셈도 할 수 있고, 공룡의 흔적이 남아 있는 곳으로 체험학습을 다녀오기도 합니다. 공룡이 사라진 이유를 탐색하다 보면 지구의 역사까지 공부할 수 있습니다. 공룡을 소재로 한 영화나 다큐멘터리가 영미권에서 제작된 것이라면 영어 공부와 연결할 수도 있습니다. 좋아하는 공룡을 갖고 하는 영어 공부는 아이에게 재미있게 느껴질 것입니다. 마지막으로 커다란 종이에 공룡에 대해 알게 된 모든 것을 마인드맵으로 정리해서 가족이나 친구들에게 소개하는 것도 좋은 방법입니다.

흥미와 호기심은 아이의 눈빛을 빛나게 하고, 다양한 탐색 과정은 공부에 재미를 느끼게 할 뿐만 아니라 자연스럽게 학습이 확장되는 효과를 가져옵니다. 아이는 관심도 없는데 끌어 앉혀 놓고 문제를 풀고 외우게 해서는 절대 이런 효과를 가져올 수 없습니다. 호기심과 재미에서 시작한 자발적인 탐색 과정은 공부 역량을 키우는 지름길이며 이렇게 쌓인 공부 역량은 나중에 어렵고 수준 높은 학습 과정에서도 그 힘을 발휘해나갈 것입니다.

1학년 교과서를 중심으로 공부해야 합니다

1학년 교과서는 인지발달과 정서발달과 아이들의 성장 발달에 바탕을 두고 있습니다. 해당 시기의 가장 적절한 학습 목표에 따라 과제를 제시하고 공부 방법을 안내하고 있는 것이 바로 교과서입니다. 교과서가 너무 쉬워서 공부할 내용이 없다고 생각하는 분이 있을지도 모르지만, 교과서는 아이들 수준을 가장 잘 파악해서 만든 교재입니다. 보충학습을 하더라도 교과서 수준에 따라 공부를 해야 재미를 느낄 수 있습니다.

빨리 배우는 것보다 즐겁게 공부하는 것이 중요합니다

아이의 발달 단계에 맞지 않는 공부는 효과가 없습니다. 초등학교 1학년이 하는 덧셈 뺄셈이 부모님에게는 쉬워 보이지만 아이들 수준에서는 어른들이 미적분 문제를 푸는 것과 비슷할지 모릅니다. 현대 사회는 하루가 다르게 변화하고 있고, 미래에는 이 변화가 점점 더 가속될 것입니다. 미래는 결코 지식만 요구하는 시대가 아니라 지식을 활용해 문제를 해결하는 능력이 필요한 시대입니다. 조금 앞서가겠다고 다람쥐 쳇바퀴 돌 듯 학원을 순례하는 아이들은 결코 창의적으로 문제를 해결할 수 없습니다.

배우는 것을 즐거워하고, 성취감을 느끼며, 어려움이 있어도 계속 노력하는 아이를 보면 선생님은 칭찬과 격려를 아끼지 않습니다. 부모님께서도 아이가 천천히 가더라도 흥미를 갖고 수준에 맞는 학습 내용을 스스로 공부해 나갈 수 있도록 기다려 주시길 부탁드립니다.

선행 학습도 아이 수준에 맞게

과도한 선행 학습은 아이의 발달 단계를 건너뛰기 때문에 공부의 즐거움이나 성취감을 느끼기 전에 학습에 대한 스트레스와 부담을 줍니다. 1학년 아이들은 학업 부담을 줄여 주기 위해 받아쓰기도 지양하고 중간기말 성취도 평가도 하지 않습니다. 초등학교 1학년 아이들이 현장에서 보면 영어 단어 시험이나 학원 숙제로 시달리고 있는 아이의 모습을 종종 봅니다. 초등학교 1학년은 인지발달 단계로 보면, 구체적 조작기로 내내 앉아서 머리를 쓰는 공부보다 손과 몸을 쓰는 놀이 위주의 활동을 통해 학습이 이루어져야 합니다. 따라서 어려서부터 문제 풀이식 과도한 선행 교육에 의존하는 것은 장차 공부 근육을 튼튼히 하는데 있어 도움이 되지 못합니다.

선행 학습이 가져오는 또 다른 문제는 수업 시간에 산만해지기 쉽다는 것입니다. 선행 학습을 하고 수업 시간에 한 번 더 들으면 실력이 향상될 것 같지만 실상은 이미 안다고 착각해서 대개 수업을 들으려고 하지 않습

니다. 학교 수업을 소홀히 하면서 선행 학습으로 공부 피로감을 쌓을 게 아니라, 아이 수준에 맞게 날마다 조금씩이라도 스스로 공부하는 습관을 들여 나가야 할 것입니다.

자기 주도 학습을 하도록 도와줍니다

'자기 주도'란 자신에게 주어진 시간에 무엇을 할지 스스로 정하고 실천 하는 것입니다. 자기 주도 학습을 하려면 우선 일상에서 자기 일을 스스로 하는 기본 생활습관이 형성되어 있어야 합니다. 그러고 나면 스스로 학습 내용과 학습량과 정하고 실천하는 자기 주도 학습을 할 수 있습니다.

1학년은 그날 배운 학습 내용을 복습하고 문제로 확인 학습을 하는 정 도의 학습량이면 충분합니다. 여기에 기본으로 책읽기를 하면 됩니다. 수학 문제집도 하루에 20분, 2장 정도 풀면 충분합니다. 문제집 수준도 무조건 난이도가 높은 것이 아니라 아이 스스로 하고 싶어 하고 스스로 풀 수 있는 정도가 적당합니다. 그래야 성취감과 자신감이 생기고 수학 공부를 좋아하는 아이가 될 것입니다. 혹시 혼자 못 풀고 부모님께 도움 을 요청하면 어느 부분이 이해가 안 되는지 단계별로 질문하면서 아이 스 스로 문제를 풀어낼 수 있도록 도와줍니다. 아이가 수학 문제가 안 풀린 다고 하면, 이렇게 아이에게 말하는 부모님이 있었습니다.

"안 되면 다시 생각해라. 그래도 안 되면 놀다 와서 다시 해 봐라. 그래 도 또 안 되면 자고 나서 내일 해 봐라."

생각하는 시간을 많이 확보하고 스스로 해결해 나가는 자세를 1학년부터 실천해 보는 것입니다.

과제는 되도록 아이 혼자 하도록 기다려 줍니다.

2022 개정 교육과정은 학습 부담을 줄이기 위해 되도록 숙제를 내지 않지만, 간혹 집으로 가져가 마무리 해야 할 과제가 있습니다. 그런데 아이가 학교에서 뒤처지면 안 된다고 생각해서인지 아이들이 해야 할 과제를 부모님이 대신 완벽하게 해서 보내는 경우가 있습니다. 1학년 숙제는 아이들 숙제이지 부모님 숙제가 아닙니다. 어설프더라도 아이가 스스로 할 수 있도록 격려해 주고, 스스로 해내면 결과가 아니라 노력한 과정에 주목해서 "스스로 노력하는 게 멋지다"와 같은 말로 꼭 칭찬해 주세요. 그러면 아이는 무엇이든 할 수 있는 사람이라는 자기 효능감이 높아져서 새로운 도전을 두려워하지 않고 어려움이 있어도 이겨내려는 의지가 강한 아이로 성장할 것입니다.

남녀의 차이를 이해하고, 아이에 맞춰 지도합니다

남자아이와 여자아이가 성장 발달 과정에 차이가 있다는 연구에 따르면 여자아이는 소근육과 사고력, 언어 능력이 먼저 발달하고, 남자아이는 대근육이 먼저 발달한다고 합니다. 그래서 남자아이는 가만히 있지 못하고 활동적으로 돌아다니며 에너지를 발산합니다. 덤벙대다가 실수하고 정리정돈을 잘못해서 당황하는 남자아이를 학교에서는 흔하게 볼 수 있습니다. 이런 남자아이에게 차분히 앉아서 공부하라고 하기 보다는 먼저 많이 뛰어놀게 해서 에너지를 한껏 분출시켜야 합니다. 그래야 정서적으로 안정되고 비로소 공부를 시작할 수 있습니다. 반대로 여자아이는 학습하기 유리한 사고력과 언어 능력이 일찍 발달해서 관심 분야가 있다면 새로운 것을 배우는 기회를 많이 가져도 괜찮습니다.

강점 지능이
행복한 아이로
자라게 합니다

아이가 부모님의 바람대로 국어, 수학을 비롯해 모든 과목을 잘하면 좋겠지만 그런 아이는 흔치 않습니다. 부모님은 공부를 잘했으면 해서 학원과 과외를 찾고, 아이들은 가라고 하니까 다니기는 하지만 재미도 공부의 동기도 느끼지 못한 채 지쳐갑니다. 학년이 올라갈수록 좋은 대학을 목표로 하는 부모님과 마찰도 많아지게 되고, 그러다가 갈등이 심해지는 경우도 많이 있습니다.

학업 성취가 높은 아이는 가드너의 다중지능 이론에 나오는 언어 지능, 논리수학 지능이 높습니다. 그런데 그렇지 못한 아이에게 좋은 성적과 공부를 강요하고 게으르거나 불성실하다고 몰아붙이는 것은 아이의 성장을 저해하는 일입니다. 아이들은 공부 이전에 누구나 행복하게 자기의 소질을 계발하고 좋아하는 일을 찾으며 행복하게 살아갈 권리가 있습니다.

학교에서 살펴보면 아이들은 잘하는 분야가 제각기 다릅니다. 수학 시간에는 멍하니 있던 아이가 그림을 그릴 때만큼은 신이 나고, 노래를 잘 부르거나 운동을 잘하거나, 글을 쓸 때 빛이 날 수도 있습니다. 그리기에 서툰 아이가 수학 시간만 되면 대단한 집중력으로 누구보다 수월하게 주어진 과제를 마치기도 합니다. 아이가 반짝거리며 자신의 존재감을 드러내는 순간, 거기에서 아이의 강점을 찾을 수 있습니다.

부모는 아이의 강점을 드러내기 위해 적극적으로 도와야 합니다

변화가 빠르고 예측할 수 없는 미래를 살아갈 아이들에게 부모는 무엇을 해 주어야 할까요? 아이가 자신이 좋아하는 일을 찾아 열정을 갖고 자기 주도적으로 일하면서 자신만의 길을 개척해 나가는 행복한 사람이 되도록 힘껏 도와야 합니다.

김연아, 박지성, 박태환처럼 신체기능이 뛰어난 세계적인 선수들이 만약 하나같이 좋은 대학 가려고 교실에서 치열한 입시 공부를 했다면 어떻게 되었을까요? 이들의 공통점은 자신의 재능을 발견하고 몰입해서 그 재능을 꽃피웠다는 것입니다. 《핀란드 부모혁명》이라는 책에는 '아이에게 무엇이 부족한지 보지 말고 무엇이 있는지를 살펴보라'는 말이 나옵니다. 즉 강점 지능을 찾으라는 말이지요. 자세히 살펴서 아이가 잘하는 것을 찾아 살려내는 것, 이것이 바로 참교육이고 지혜로운 부모가 해야 하는 일입니다.

안타깝게도 우리나라 부모님 중에는 아이의 강점보다는 약점으로 아이를 평가하고 구멍을 메우듯 약점을 고치기 위해 애쓰는 분이 많습니다. 국어, 영어는 잘하는데 수학을 못 하면 수학 공부로 아이를 몰아세우지만, 수학에 흥미가 없는 아이는 금방 지칩니다. 이렇게 약점이 두드러지면 아이는 약점으로 자신을 평가하고 긍정적으로 바라보지 않게 됩니다. 부모님께서는 잘하는 부분을 극대화해서 아이가 자신에 대한 자신감으로 다른 것도 도전해 가도록 아이들을 이끌어 주셔야 합니다.

Q. 강점 지능을 살려 스스로 공부하는 습관을 들이기 위해서는 어떻게 해야 할까요?

A. 아이를 관찰하고 강점을 발견해 이를 바탕으로 공부의 재미를 느끼도록 해야 합니다.

아이가 어디에 호기심을 갖는지 세심하게 관찰해야 합니다. 꼭 검사하지 않아도 아이를 오랫동안 지켜보시면 아이의 관심과 재능이 어느 정도 보입니다. 만약 아이의 성향을 알아보고 싶다면, 아이가 좀더 성장한 다음 다중지능검사를 해서 아이의 강점 지능과 약점 지능을 알아본 뒤 맞는 공부 방법을 찾아 제시하고 격려하면 좋습니다. 강점 지능에 재능이 보이면 적극적으로 관심을 보이고 격려하여 자신감을 길러주어야 합니다.

공부를 못하는 아이의 경우 한꺼번에 여러 과목의 성적을 올리려고 하기보다는 상대적으로 잘하는 과목이나 좋아하는 과목부터 하나씩 공부하는 습관을 갖도록 합니다. 이때 아낌없는 칭찬과 격려가 필요합니다. 점수보다 아이의 성취감에 주목하고 점차 자신감이 생기면 취약한 과목에도 도전할 수 있게 격려해 주세요. 초등학교 시절에 강점이 발견되었다고 해서 강점만 키우라는 뜻은 아닙니다. 초등 교육과정은 기초 학습에 해당하므로 기본적으로 성실하게 공부해야 합니다. 아이의 강점을 찾아서 자신감이 생기면 다른 공부에 도전하는 선순환이 되도록 이끌어 주세요.

교실에서 찾아낸 아이의 강점은 아이를 지키는 힘이 됩니다. 모두에게 수학을 잘하고 글쓰기를 잘하라고 강요한다면 아이들에게 학교생활은 너무나 힘듭니다. 또 성적으로 줄을 세우면 아이들은 불행할 수밖에 없습니다. 아이들은 공부를 잘하든 못하든 저마다 보석 같은 재능을 지니고 있습니다. 아이들이 좋아하고 관심을 보이는 것, 잘하는 것을 찾아 격려해야 합니다. 저마다의 재능이 아이를 성장시키는 진짜 공부로 이끕니다.

아이마다 다른 강점 지능

수지는 수학 시간만 되면 내내 어두운 표정입니다. 별로 흥미가 없는지 문제 풀이에 시간이 오래 걸립니다. 그런데 창제 시간 뮤지컬 시간이 되자 춤을 추고 노래를 따라 부르면서 수지 눈빛이 빛납니다. 신이 나 행복해하는 모습을 보면서 '수지는 노래를 좋아하고 잘하는구나!' 생각됩니다.

민수는 수학을 아주 힘들어해서 친구들이 10문제 풀 때 3문제도 낑낑거립니다. 하지만 그림만 그리면 온 세상이 민수의 세계로 펼쳐집니다. '상상력 박사'라고 별명을 붙여줄 만큼 기발하고 멋진 세상이 민수의 손끝에서 살아납니다. 다른 시간에는 그렇게 떠들던 민수가 그리기 시간에는 어디 있나 싶게 조용해집니다. 완성한 그림을 가지고 웃으며 나타나는 민수 얼굴은 뿌듯함으로 가득합니다. 그리기는 민수의 강점입니다. 민수는 미술적인 재능으로 자기 효능감을 높이면서 다른 학습을 힘있게 끌어나갈 수 있습니다.

정현이는 교실에서는 의기소침하지만, 운동장에만 나가면 펄펄 날아다닙니다. 교실에서 정현이를 보면 하기 싫은 공부를 억지로 시키는 것 같아 미안한 마음마저 들었는데 운동장에 나가면 다 떨치고 옵니다. 공놀이면 공놀이, 달리기면 달리기 "정현이가 최고" 하고 엄지척을 날립니다.

영빈이는 글쓰기에 두각을 나타내고 있습니다. 다른 교과 시간에는 지치고 무기력해 보였는데 쓰기를 하는 영빈이의 모습은 평소와 전혀 다릅니다. 재치 있는 문장을 써 내려가며 속마음까지 훌륭하게 표현합니다. 아이들에게 영빈이 글을 읽어주고 타고난 글솜씨에 대한 칭찬도 듬뿍 날립니다.

가드너의 다중지능이론

하버드대학교 교육심리학자인 가드너는 인간에게는 언어 지능과 논리수학 지능 외에도 기존 지능검사들이 측정하지 못하는 지적능력이 더 존재한다고 보고 공간 지능, 음악 지능, 신체운동 지능, 인간 친화 지능, 자기성찰 지능 다섯 가지 지능 요소를 제시했습니다. 수학을 못 하는 아이는 논리수학 지능이 부족한 것이지 지적능력 전체가 부족한 것이 아닙니다. 아직 드러나지 않은 다른 지능, 잠재된 지능을 찾기 위해 노력해야 합니다. 가드너의 다중지능 이론의 핵심은 잘하는 것, 좋아하는 것, '재능이 바로 지능'이라는 관점입니다.

공부하는
뇌의 활성화

인간의 뇌는 삼중 구조로 이루어져 있다고 합니다. 가장 안쪽에 호흡, 심장박동, 혈압의 생명 활동을 담당하는 뇌가 있고, 그다음 감정과 정서의 뇌가 있습니다. 마지막 부위는 고도의 정신기능을 담당하는 이성의 뇌로 학습과 기억을 관장합니다. 일에도 순서가 있듯이 학습을 담당하는 이성의 뇌가 활성화되려면 먼저 생명의 뇌가 건강하게 작동해야 하고 또 정서의 뇌가 안정되어야 합니다. 즉 공부를 잘하려면 먼저 신체가 건강하고 부모님의 따뜻한 사랑으로 정서적 충족이 이루어져야 한다는 의미입니다. 신체적, 정서적으로 안정되어야 비로소 공부하기 위한 이성의 뇌가 활성화될 수 있기 때문입니다.

정서적 안정의 바탕이 되는 사랑은 부모님이 아니라 전적으로 아이 입장에서 고려해야 합니다. 아이가 충분하다고 느낄 때 비로소 충분하다고 말할 수 있습니다. 부모님께서 아이에게 아무리 사랑을 많이 주었다고 생각해도 아이가 부족하다고 느끼면 부족한 것입니다. 형제가 있을 때 부모님께 받는 사랑이 공평하지 않다고 느끼는 아이는 부모님의 관심을 끌기 위해 끊임없이 에너지를 소모하게 됩니다. 감정 뇌가 충족되지 않은 채 이성 뇌가 담당하는 학습을 계속 강요한다면 집중력이 떨어지고 정서불안이 심해집니다. 심하면 우울증이나 무기력증에 빠지게 될 수도 있습니다. 이러한 뇌의 구조를 이해하고 정서적 안정과 학업 역량을 위해 아이에게 충분한 사랑을 표현하시기 바랍니다.

학부모는 있어도 부모가 없다

부모님 중에는 학습에 대한 정보를 얻고 좋은 선생님과 교재, 학원을 찾아 보내 주는 것이 부모로서 해야 할 가장 중요한 일이라고 생각하는 분이 계실지 모르겠습니다. 그러나 정작 아이에게 먼저 해 주어야 할 것은 조건 없는 사랑입니다. 공부를 잘하니까 사랑하고, 공부를 안 하고 제멋대로 군다고 외면하지는 않는지 스스로 한번 돌아보세요. 그리고 아이를 따뜻하게 품에 안고 쓰다듬으며 이야기를 나눠보세요. 아이가 아침에 학교 갈 때, 학교에 다녀왔을 때, 잠자리에 들기 전, 이렇게 하루 세 번만이라도 안아준다면 아이는 따뜻한 부모님의 사랑을 충전해서 학교생활을 활기차게 할 수 있습니다.

잘 노는 아이가 공부도 잘한다

공부를 잘하려면 집중력이 있어야 하는데 아이가 좋아하는 놀이나 활동을 통해서 집중력을 기를 수 있습니다. 아이들은 실컷 놀아야 스트레스가 없고 정서적으로 안정되어 집중력이 생깁니다. 이렇게 길러진 집중력을 발휘해 흥미와 호기심을 학습으로 연결하는 것이 아이들에게 가장 효과적인 공부 방법이라고 할 수 있습니다.

이제 학교에 들어가니까 공부를 해야 한다며 아이를 책상에 앉혀 놓고 억지로 학습지를 시키면서 집중력이 높아지길 기대한다면 무리입니다. 아이는 앉았다 일어났다, 화장실에 왔다 갔다, 주위를 두리번거리며 다른 재밋거리를 찾고 있을 겁니다. 보다 못한 엄마가 한두 마디 잔소리를 던지겠지요. 이런 일이 반복되면 아이는 '공부'를 '억지로', '잔소리' 같은 부정적인 생각과 함께 떠올리게 되고 어쩌면 공부의 길과는 영영 멀어지게 될지 모릅니다.

공부의 가장 큰 적은 스트레스라고 합니다. 하기 싫은 공부를 억지로 오랫동안 한 아이들은 책상 앞에 앉아 있어도 공부하는 척하는 거지, 진짜로 공부하는 게 아닙니다. 공부에 대한 부정적인 감정과 생각은 집중력을 발휘할 수 없게 만듭니다. 스트레스를 풀고 적당한 운동으로 몸을 이완해주면 뇌는 최상의 상태로 공부할 준비가 되고 학습효과도 높아집니다.

아이들의 두뇌가 활성화되려면 운동과 놀이가 꼭 필요합니다. 특히 초등학교 1학년은 놀이시간이 공부 시간보다 많아야 하는 시기입니다. 학교 수업이 끝나면 노는 시간이 있어야 하고, 학년이 올라가면 아이 수준에 맞게 학습시간을 점점 늘려갑니다.

충분한 수면이 필요합니다

잠을 줄여 공부해야 성공한다는 관념이 있기도 하지만 실제로는 잠을 잘 자야 공부도 잘합니다. 뇌 기반 학습론에 따르면 잠을 자는 동안 뇌에서는 많은 일이 일어납니다. 낮 동안의 자극을 정리하고, 불필요한 감정과 기억을 정리하는 아주 극적인 시간이라고 합니다. 낮에 공부한 내용을 임시로 저장해 두었다가 잠을 자면서 장기기억으로 전환하는데 공부를 위해서는 장기 기억으로 남아 있는 정보가 많아야 합니다. 잠을 자지 않으면 낮에 공부를 많이 했더라도 장기 기억으로 저장되지 않기 때문에 결과적으로 더 많은 공부를 해야 하는 상황이 될 것입니다.

2022 개정
교육과정 핵심 내용

2022개정 교육과정은 안팎으로 변화하는 미래 사회에 대비하기 위하여 '포용성과 창의성을 갖춘 주도적인 사람'을 기르기 위해 '자기 주도적인 사람', '창의적인 사람', '교양 있는 사람', '더불어 사는 사람'으로 교육해야 한다고 강조하고 있습니다. 복잡하고 불확실한 미래 사회에서 부모님의 도움 없이도 주도적으로 살아갈 수 있는 아이를 길러내는 것이 진짜 교육의 본질이라고 생각합니다.

2022 개정 교육과정은 교육 전문가뿐만 아니라 미래 산업 분야의 전문가, 교사, 학부모, 학생들이 함께 국민 참여를 통해 만들어졌습니다. 이전 교육과정보다 서로 협력하는 소통역량을 강조하고 있습니다. 2015 개정 교육과정의 '의사소통 역량'에서 '협력적 소통역량'으로 개선한 것을 확인할 수 있습니다. 급변하는 세상에서 상호 협력성과 공통체성이 필수적이

라는 많은 전문가의 의견이 반영되었다고 봅니다. 둘째는 정보 및 디지털 교육이 강화되었습니다. 정보와 디지털은 미래 사회에서 요구되는 필수 능력입니다. 개정된 교육과정에서도 정보 및 디지털 교육을 비중 있게 다루고 있습니다. 셋째는 〈창의적 체험활동〉의 구성이 바뀌고 〈안전한 생활은〉 다른 교과에 포함되었습니다. 넷째는 1~2학년 〈국어〉 시간이 34시간 대폭 증가했습니다. 다섯째는 신체 활동 시간이 64시간 더 늘어납니다. 2022개정 교육과정에서는 저학년의 신체 활동을 강조하고 있으며 아이들의 발달 특성을 충분히 고려한 사항으로 신체 활동은 통합 교과의 〈즐거운 생활〉에 배정되어 있으며, 지난 교육과정에서는 80시간 배정되었지만 144시간으로 확대되어 저학년의 실내·외 놀이 및 신체 활동의 기회가 충분해졌습니다. 여섯째 수업 태도나 협동력도 평가 대상이 됩니다. 학교에서는 평가를 할 때는 교과 내용을 잘 알고 있는지에 해당하는 '지식'과 더불어 알고 있는 내용을 잘 수행하는지 '기능'도 평가합니다. 여기에 2022개정 교육과정에서는 '정의적'이라는 영역까지 평가합니다. 정의적 영역은 수업에 참여하는 태도를 말합니다. 교과에 대한 흥미와 감정 친구들과 함께 활동할 때 서로 존중하고 협력하는 정서적인 면입니다. 내 아이가 공부를 잘하는데도 예상과 다른 성적을 받았다면, 기능이나 태도 면에서 부족한 것은 없는지 살펴보아야 합니다.

1학년 교육과정

수업일수는 학교에 따라 조금씩 다르지만, 연간 190시간 이상 수업이 이루어지며 주당 23시간의 수업이 배당되어 있지만, 탄력적으로 운영합니다.

과목	국어	수학	통합			창의적 체험활동	주당 수업 시간
			바른생활	슬기로운 생활	즐거운 생활		
주당 수업 시간	6	4	10			3	23

교과	교과서	보조 교과서	참고 사항
국어	국어1-1 가 국어1-1 나 국어1-2 가 국어1-2 나	1-1 국어활동 1-2 국어활동	국어활동은 말하기, 읽기, 쓰기, 듣기의 다양한 활동 부교재로 이용하며, 바른 글씨 쓰기는 쓰기 공책을 따로 준비하지 않고 이용할 수 있습니다.
수학	수학1-1 수학1-2	1-1 수학익힘책 1-2 수학익힘책	수학익힘책은 수업 시간 배운 내용을 확인할 수 있는 문제를 모아 둔 학습용 교재로 가정이나 학교에서 풀고 채점합니다.
통합 교과	1학기: 학교, 사람들, 우리나라, 탐험 2학기: 하루, 약속, 상상, 이야기	없음	통합 교과는 아이들이 세상을 알아가는 시간입니다. 주제 대부분이 아이들의 실생활과 밀접하게 관련되어 있습니다. 아이들의 첫 학교생활부터 타인과의 관계, 자기주도적 습관, 자연환경 등의 주제로 <바른생활>, <슬기로운 생활> <즐거운 생활>을 통합하여 배우게 됩니다.

교과 외 활동 창의적 체험활동	없음	없음	교과 이외의 활동으로 자율·자치활동, 동아리 활동, 진로 활동 영역에서 다양한 체험활동을 합니다.

교과서 구매

요즘은 교과서를 사물함에 두고 다녀서 가정에서는 교과 내용을 잘 모를 수 있습니다. 1학년 1학기에는 교과서를 따로 준비해 가정에서도 어떤 공부를 하는지 아이가 교과 공부에 어려움이 없는지 살펴보도록 합니다. 여러분의 교과서는 교과서를 잃어버렸을 때 사용할 수 있고, 특히 수학익힘책은 방학 때 지난 학기 복습으로 좋습니다. 또 통합 교과서에 나오는 다양한 사진이나 그림은 분류 활동에 활용할 수 있습니다. 국정교과서는 대형서점이나 정해진 인터넷 판매처에서 구매할 수 있습니다.

- **수학, 수학 익힘(초등학교 1학년~2학년)**

  천재 교과서 쇼핑몰(☎02-3282-8705) http://mall.chunjaetext.co.kr

- **학교, 사람들, 우리나라, 탐험, 하루, 약속, 이야기, 상상**

  (초등학교 1학년~2학년)

  지학사(☎02-330-5303) http://www.jihak.co.kr

• 국어, 국어 활동(초등학교 1학년~6학년)

미래엔 도서 몰(☎1800-8890) http://mall.mirae-n.com

1학년 시간표 예시

	월	화	수	목	금
1교시 (09:00~09:40)	국어	국어	수학	국어	국어
2교시 (09:50~10:30)	국어	통합	국어	통합	수학
3교시 (10:40~11:20)	통합	통합	통합	수학	창체
4교시 (11:40~12:10)	수학	통합	통합	통합	통합
점심시간 (12:10~13:00)					
5교시 (13:00~13:40)		창체		창체	통합

학교별로 시간표 운영에 조금씩 차이가 있습니다

입학하면 요일별로 시간표를 확인합니다. 일주일에 세 번 5교시 수업이 있는데 학교에 따라 5교시 수업 요일은 다를 수 있습니다. 1학년은 급식실 사정에 따라 점심시간이 앞당겨 3교시 뒤 급식을 먹거나 중간 놀이 시간을 운영하기도 합니다. 또 도서실, 강당, 컴퓨터실 들을 겹치지 않게 배정하다 보니 시간표가 학급별로 다를 수 있습니다. 단원이나 계절에 따라 재량으로 시간표가 바뀔 수 있으므로 늘 확인이 필요합니다.

국어 교과

국어는 모든 교과 공부의 기본입니다

공부를 잘하려면 국어를 잘해야 합니다. 만약 국어 실력이 탄탄하지 않으면 다른 공부도 흔들립니다. 수학 연산을 아무리 잘해도 국어를 못 하면 주어진 제시어를 이해하지 못해서 수학 실력을 제대로 발휘하기 힘듭니다. 통합 교과에서도 어떤 현상에 관해 설명하는 말을 이해하지 못해 핵심 개념까지 나아가는 데 어려움이 있을 수 있습니다.

초등학교 1학년 국어 수업 시간은 주당 6~7시간이며 〈듣기·말하기〉, 〈읽기〉, 〈쓰기〉, 〈문학〉, 〈문법〉의 5가지 영역에 개정된 교육과정에서는 〈매체〉 영역이 추가되었습니다. 디지털 매체 기반의 의사소통을 강조하는 새 교육과정이 반영된 부분입니다. 1학년 국어 중요 학습활동은 한글 익히기, 책읽기, 바른 글씨 쓰기, 그림일기 쓰기로 구성됩니다.

한글 익히기

초등 1학년 1학기 교과서 목차를 보면 〈국어 가〉, 〈국어 나〉 두 권으로 나누어 배웁니다. 내용을 살펴보면, 1학기에 배우는 7개 단원이 거의 한글 학습에 해당합니다. 글자 모양을 찾아보는 글자 놀이와 모음자와 자음자을 익히는 한글 놀이 단계를 1단원 시작 전에 학습합니다. 1단원부터는 자음과 모음으로 글자가 만들어지는 짜임을 익히는 학습을 합니다. 2단원, 3단원에서는 받침 있는 글자의 짜임을 알고 글자를 만들어 간단히 써 봅니다. 4장에서는 주제에 맞는 낱말을 읽고 써 보고 5단원에서는 간단한 인사말을 알고 상황에 맞는 인사말을 알아봅니다. 6단원에서는 글자를 알고 그림에 맞는 낱말을 골라 문장을 읽어 보는 단원으로 거의 한글이 완성되는 것을 확인하는 학습을 하게 됩니다. 이렇게 1학년 1학기는 국어 교과서로 한글 교육에 많은 학습량을 할애하고 있지만 언어 습득이 어려운 아이들은 체계적으로 한글 학습하기에는 다소 아쉬운 면이 있습니다.

　아이의 기질에 따라 국어 교과 한글 공부로 충분히 한글을 익히고 공부하면서 활발하고 대화에 어려움 없이 학습할 수 있으면 다행이지만 예민하고 소극적인 아이들과 자신감이 없는 아이들은 학교에서 국어 시간에 한글 공부하더라도 가정에서 반드시 국어 시간에 학습한 내용을 복습해서 다지는 시간을 꼭 가져야 합니다. 1학기가 마무리되는 시점에서도 간단한 글을 읽고 뜻을 이해하는 것이 어려운 아이는 아직도 한글 공부가 부족한 경우입니다. 여름 방학을 이용하여 다른 공부보다 한글 공부에 좀 더 많은 시간을 할애하여 간단한 그림책을 읽고 간단히 내용을 말할 수 있도록 지도해 주셔야 합니다.

책읽기

국어 공부의 밑바탕은 책읽기입니다

흔히 국어는 일상생활에서 쓰는 말이기 때문에 쉽다고 생각하는 경우가 많습니다. 하지만 국어 공부를 잘하는 것은 쉬운 일이 아닙니다. 국어를 잘하려면 여러 가지 방법이 있지만 가장 좋은 것은 책읽기입니다. 책읽기는 어휘력, 상상력, 배경 지식을 넓혀 주고 이해력과 논리적 사고능력, 창의력까지 길러줍니다. 책읽기를 즐기다 보면 집중력이 생겨서 공부의 기본을 갖추게 됩니다. 또 책 속의 등장인물을 통해서 다양한 경험을 하면 다른 사람에 대한 이해심이 깊어지고 공감하는 능력이 생기기 때문에 자연스럽게 인성교육이 이루어집니다. 다양한 분야의 책을 통해 자연스럽게 자신의 관심 영역을 찾아가다 보면 진로 탐색의 기회가 되기도 합니다.

1학년은 꼭 큰소리로 책을 읽습니다

하루에 적어도 10분 정도는 글자 수가 적고 수준에 맞는 책을 골라 소리 내어 읽도록 합니다. 소리 내어 읽는 것은 여러 가지 장점이 있습니다. 집중력과 기억력이 좋아지고 말하기 훈련과 바르고 큰소리로 하는 발표 연습도 됩니다.

반복해서 읽습니다

책을 한번 읽는 것 보다 여러 번 읽으면 깊게 이해할 수 있고 책에서 얼는 즐거움도 커집니다. 1학년은 글자 수가 적은 그림책을 골라 여러 번 읽도록 합니다. 글이 많지 않은 경우는 한 줄, 두 줄씩 쓰기와 외우기도 추천합니다. 재미있게 외운 책을 동생이나 가족, 친구에게 들려주는 책읽기 봉사도 추천합니다.

동그라미나 줄을 치면서 읽습니다

책을 읽을 때는 연필을 들고 모르는 어휘나 중요한 내용이 나오면 동그라미나 줄을 치면서 읽습니다. 모르는 어휘는 찾아보고 마음에 드는 부분은 깊이 생각할 기회가 됩니다. 그래서 책은 빌려서 읽는 것도 좋지만 한 달에 한 권 정도는 직접 사서 읽고 소장하는 것을 권합니다.

교과서 연계 도서를 읽습니다

국어 교과서에는 다양한 분야의 작품이 실려 있습니다. 대부분 지면 관계로 교과서에는 부분적으로 실린 경우가 많습니다. 미리 전체를 읽으면 작품의 감동을 온전히 느낄 수 있고, 수업 시간에도 내용을 쉽게 이해할 수 있습니다.

부모님과 함께 책을 읽습니다

부모님께서 읽어 준 만큼 아이는 책읽기를 통해서 성장합니다. 부모님께서 많이 읽어 준 아이는 책을 좋아하는 아이가 됩니다. 아이가 어렸을 때는 아이들을 붙들고 읽어 주다가 글을 알게 되면 아이에게 혼자 책을 읽으라고 하고 맡겨두는 경우가 많은데 부모님께서 아이에게 책을 읽어 주시는 것은 언제까지라는 기준이 없고 아이가 원할 때까지는 계속 읽어 주는 것이 좋습니다. 부모님께서 읽어 주시는 것이 부담스럽다면 한 줄 두 줄 번갈아 읽기, 한 쪽씩 읽기, 배역을 정해 읽기처럼 다양한 방법으로 나누어 읽습니다.

부모님과 함께 책을 읽으면,

첫째로 아이들과 부모님 사이에 정서적 유대감이 증대되어 정서적으로 안정감이 높아집니다. 8세 아이들은 아직 어려서 부모님과 정서적 유대를 많이 원합니다. 학교에 입학하고 나면 부모님과 시간을 보낼 틈이 점점 줄어 정서적 교류가 쉽지 않습니다. 하지만 저녁 시간 잠깐이라도 아이를 무릎에 앉히고 책을 함께 읽으면 아이는 부모님의 푸근한 품에 안겨 하루 종일 지친 심신을 달랠 수 있고 대화도 나누고 최선을 다해 읽어 주는 부모님에게 대한 많은 추억을 가지게 됩니다.

둘째로 청각 기억력이 길러져 집중력이 늘어납니다. 부모님과 함께 책을 읽을 때 부모님께서 읽어 주시는 소리를 들으면 아이의 인지 능력에 큰 영향을 미치는 청각이 발달하여 주의 깊게 듣는 능력이 길러져 학습 능력도 좋아집니다. 책을 함께 읽으면서 책의 재미에 더욱 빠져들게 되고 책을 사랑하는 아이로 변해갑니다. 만약 아이가 책읽기를 좋아하지 않는다면 책을 읽으라고 잔소리하기 보다는 부모님께서 책 읽어 주기부터 해야 합니다. 잠자기 전에 책을 읽어 주는 것은 장기기억으로 가서 기억 효과가 증대되어 더욱 좋습니다.

셋째는 대화 시간이 늘어납니다. 책을 읽으면서 서로 책의 내용을 가지고 대화를 주고받으면서 부모님과 아이는 서로의 마음과 생각을 알게 되며 사고의 깊이나 폭이 확장되는 계기가 됩니다. 또한 잔소리가 아닌 양질의 대화 시간이 늘어나는 것은 자녀와 유대감이 증대되는 계기가 되는 것이고 책의 내용뿐만 아니라 자신의 느낌이나 감정을 부모님과 자연스럽게 이야기하면서 아이들은 상대방을 더 많이 이해하는 계기가 됩니다.

넷째는 표현력을 길러줍니다. 부모님께서 책을 읽어 줄 때 말하듯이 읽고 대화글, 의성어를 실감 나게 읽어 준다면 지루하지 않고 재미를 느끼게 됩니다. 그래서 아이들도 자연스럽게 혼자 책을 읽을 때 느낌을 살려 실감이 나게 책을 읽을 수 있습니다.

다섯째 문해력이 향상됩니다. 어려운 낱말이 나오면 충분히 설명해 줄 수 있고 아이는 정확하게 글을 이해하게 됩니다.

1학년 국어 교과 관련 연계 도서

교과서	단원	도서명	지은이	출판사
국어 1-1	한글 놀이	숨바꼭질 ㅏ ㅑ ㅓ ㅕ	김재영	현북스
		노란우산	류재수	보림
	1	나무야 누워서 자거라	강소천	예림당
	2	감자꽃	권태응	창비
	2	가나다 글자 놀이	이상교	대교
	3	최승호 시인의 말놀이 동시집	최승호	비룡소
		구름놀이	한태희	미래엔아이세움
	4	맛있는 건 맛있어	김양미	시공주니어
		어서오세요 ㄱㄴㄷ 뷔페	최경식	위즈덤하우스
		알사탕	백희나	책읽는곰
		내마음 ㅅㅅㅎ	김지영	사계절
		나는 자라요	김희경	창비
		학교가는 길	이보나 흐미엘레프스카	논장
		코끼리가 수놓은 아름다운 한글	이한상	월천상회
		움직이는 ㄱㄴㄷ	이수지	길벗어린이
		꼭 잡아	이혜경	여우고개
	6	꽃에서 나온 코끼리	황K	책읽는곰
		코끼리가 꼈어요	박준희	책고래
	7	도서관 고양이	최지혜	한울림어린이
		야, 우리 기차에서 내려	존 버닝햄	비룡소
		눈사람 아저씨	레이먼드 브리그스	마루벌
		호랑이와 곶감	미상	
		모두 모두 한집에 살아요	마리안느 뒤비크	고래뱃속

국어 1-2	1	가시소년	권자경	천개의바람
		내 마음을 보여 줄까?	윤진현	웅진주니어
		화내지 말고 예쁘게 말해요	안미연	상상스쿨
		난 네가 부러워	영민	뜨인돌어린이
	2	대단한 참외씨	임수정	한울림어린이
		다니엘의 멋진 날	미카 아처	비룡소
		나는 안내견이야	표영민	한울림스페셜
	5	그래 책이야!	레인 스미스	문학동네
		친구를 모두 잃어버리는 방법	낸시 칼슨	보물창고
	6	나는 나는 1학년	신형건	끝없는이야기
		우리 학교에 이상한 친구가 전학왔어요	데이비드 메켄토시	미래엔 아이세움
	7	괜찮아 아저씨	김경희	비룡소
		아주 무서운 날	탕무뉴	찰리북
		진짜 일 학년 가방을 지켜라!	신순재	천개의바람
	8	마음이 그랬어	박진아	노란돼지
		낭송하고 싶은 우리 동시	전병호, 이선주	좋은꿈
		브로콜리이지만 사랑받고 싶어	별다름, 달다름	키다리
		인사	김성미	책읽는곰
		짝 바꾸는 날	이일숙	도토리숲

바른 글씨 쓰기

컴퓨터나 휴대전화 사용으로 직접 글씨 쓸 기회가 줄어들어서인지 요즘은 쓰기에 다소 소홀한 경향이 있습니다. 그러나 초등학교 1학년, 처음에 글씨 쓰기를 제대로 배우는 것은 여전히 중요합니다. 이때 잘 배워야 평생 글씨를 바르게 쓸 수 있습니다. 1학년 때는 많이 쓰는 것보다 정성 들여 바르게 쓰는 것에 초점을 맞추고 지도합니다.

연필 잡는 법 **바른 자세로 앉아 쓰기**

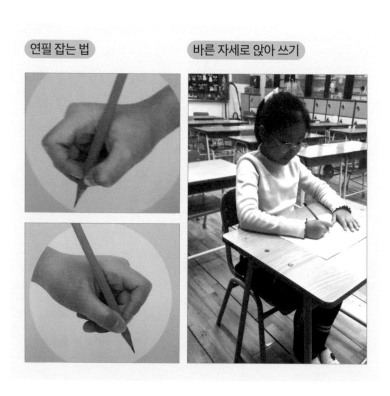

바른 자세로 연필을 바르게 쥐고 씁니다

3월에 학교에서는 여러 가지 선 긋기를 거치고, 자음 모음자 쓰기 연습을 합니다. 아이들이 쥐는 힘이 없을 때부터 글씨를 써서 연필 잡는 방법은 가지각색이고 바르게 잡는 아이들이 많지 않습니다. 바른 쓰기 습관을 익히기 위해서는 가정에서도 연필 바르게 쥐기. 정성껏 쓰기에 대한 지도가 필요합니다. 바른 자세로 앉아 연필을 바르게 잡고 획의 순서에 따라 쓸 수 있게 해 주세요.

자음과 모음 쓰는 순서에 맞게 씁니다.

자음과 모음을 순서대로 쓰는 것을 가르쳐 주고 바르게 쓸 수 있도록 꼼꼼하게 지도합니다. 글씨 쓰는 순서를 제대로 배우지 못한 아이들은

자음 모음 쓰는 순서

마음대로 글씨를 쓰는 경우가 많습니다. 특히 자음 중 ㄷ, ㄹ, ㅁ, ㅂ, ㅇ, ㅎ은 순서를 틀리게 쓰는 경우가 많으므로 획순에 맞추어 하나, 둘, 셋 큰 소리로 세어가면서 쓰고, 눈으로 순서를 확인할 수 있게 크게 쓰는 연습을 꼭 합니다.

점선 있는 네모 칸 공책에 2B 연필로 씁니다.

1학년은 글씨 쓰기 연습 단계이므로 글자 모양이나 크기를 조절해서 쓰는 점선이 있는 네모 칸 공책이 좋습니다. 공책에 보조선이 그어져 있으면 상세한 자음 모음의 위치를 익힐 수 있어서 도움이 됩니다. 네모 칸 맨 위에 바른 글씨를 붙여주고 따라 쓰게 하면 글씨 쓰기가 쉬워집니다. 1학년이 글씨 쓰기 연습을 할 때는 HB보다는 연필심이 적당히 진하고 부드러운 2B 연필로 쓰는 것을 권합니다.

받아쓰기

2017년 개정 교육과정 전에 1학년의 최고 관심사는 받아쓰기 시험이었습니다. 하지만 2017년 개정 교육과정 이후에 아이의 학습 부담을 줄이기 위해 받아쓰기 시험을 공식적으로 하지 않습니다. 받아쓰기 점수로 아이의 학습 능력을 가늠하고 서열화하면서 아이들과 부모님들이 많은 부담을 느꼈기 때문입니다. 하지만 받아쓰기는 한글을 얼마나 정확하게 깨우쳤는지 알아보는 중요한 과정입니다. 그래서 2학기가 되면 학교에서는 학급 재량으로 최대한 아이들의 부담을 덜어주는 쪽으로 재미있게 받아

쓰기를 하고 있습니다. 보통 1학년 1학기에는 받아쓰기를 하지 않고, 바른 글씨 쓰기를 연습합니다.

2학기에는 학급에서 급수표를 정해 간단히 받아쓰기를 안내합니다. 각 단원에서 받아쓰기 내용을 정하고 이를 1급, 2급, 3급으로 급수를 매깁니다. 받아쓰기는 글자만 정확하게 쓰는 것이 아니라 띄어쓰기, 문장부호도 정확히 쓰도록 합니다. 받아쓰기는 아이의 암기력을 평가하는 것이 아니라 한글 낱자의 소릿값을 잘 익혔는지 확인하는 과정일 뿐입니다. 받아쓰기하고 나서 무엇을 놓쳤는지 확인하고 확인 학습을 하는 과정으로 이끌어 주시기 바랍니다.

받아쓰기 급수표 예시

1학년 2학기 받아쓰기

1학년 반 이름: (   )

★ 받아쓰기 약속

1. 받아쓰기는 매주 (   )요일에 합니다.
2. 가운데 점선이 있는 10칸 공책을 준비합니다.
3. 받아쓰기 전에 천천히 2번씩 소리 내어 읽어 보고,
   2번씩 바르게 연습공책에 써 봅니다.

(1급) 1. 소중한 책을 소개해요

1. 발가락
2. 에쁘다.
3. 돌잡이
4. 첫 번째 생일
5. 맛있는 음식
6. 울려놓았습니다.
7. 책을 잡는 아이
8. 건강하고
9. 행복하게
10. 조상들은

(2급) 1. 소중한 책을 소개해요

1. 낚시를 해요.
2. 모자를 썼다.
3. 끈을 묶는다.
4. 책이 좋아요.
5. 얇은 책도
6. 퍼즐
7. 만화책
8. 햇적
9. 맞아요.
10. 재미있게

(3급) 2. 소리와 모양을 흉내 내요

1. 빡을 틔웠습니다.
2. 주룩주룩
3. 햇볕이 쨍쨍
4. 나뭇잎
5. 자전거
6. 달리기
7. 바람이 생생
8. 단풍 구경
9. 올긋붉긋 에쁘게
10. 고추잠자리

(4급) 2. 소리와 모양을 흉내 내요

1. 멍멍 짖었다
2. 뛰어다녔다.
3. 놀이터에 앉아서
4. 땀이 쌓았다
5. 강아지가 가엾다.
6. 물이 없어
7. 이제 괜찮아?
8. 여덟
9. 맑은
10. 불조심

(5급) 3. 문장으로 표현해요

1. 만세를 부릅니다.
2. 친구들이
3. 줄넘기를
4. 넘어졌습니다.
5. 궁금했습니다.
6. 모자 속에
7. 마술사
8. 박수를 쳤습니다.
9. 어러분
10. 재미있겠지?

(6급) 3. 문장으로 표현해요

1. 많은 동물들이
2. 나무 밑에서
3. 꽃잎처럼
4. 화가 났잖아
5. 모두 즐겁게
6. 훌쩍훌쩍
7. 뛰어갑니다.
8. 다툼도 많았어요.
9. 깅찬했지요.
10. 얇은 그물처럼

일기 쓰기

1학년 2학기에는 그림일기 쓰기가 있습니다. 일기 쓰기는 글쓰기의 기초단계로 그날 있었던 일과 자신의 감정을 글로 쓰는 것입니다. 일기 쓰기를 하다보면 처음에는 잘쓰는 아이와 부족한 아이 사이에 격차가 있지만 1학년이 지나면 대부분 차이는 줄어 듭니다. 모든 공부가 그렇듯이 일기 쓰기도 부담을 내려놓고 아이의 수준에 맞게 차근차근해 나가야 합니다. 일기를 쓰기 전에 먼저 일기가 무엇인지 알아야 합니다.

- 일기는 오늘 내가 겪은 일을 쓰는 글입니다.
- 오늘 있었던 일 가운데 쓰고 싶은 한 가지를 정하여 말하듯이 자연스럽게 씁니다.
- 재미있었던 일 뿐만 아니라 화나고 속상한 일, 실수한 일도 좋은 글감이 됩니다.

받아쓰기 연습 방법

1단계 : 소리 내어 읽기

받아쓰기 급수표에 나오는 단어나 문장을 큰소리로 두세 번 소리 내어 읽어 봅니다. 1번부터 10번까지 읽기 보다는 각 번호의 내용을 세 번씩 읽는 것이 더 효과적입니다. 이때 발음과 맞춤법이 다른 단어는 더욱 주의 깊게 읽도록 합니다.

2단계 : 한번 베껴 쓰기

큰소리로 읽어가면서 10칸 공책에 보고 따라 씁니다. 이때 빨리 쓰라고 재촉하거나 글씨체를 나무라지 않습니다. 직접 써 보면서 틀리기 쉬운 글자나 평소에 알고 있었던 맞춤법과 다른 글자에 주의를 기울이고 이런 글자는 따로 표시해서 기억하도록 합니다.

3단계: 부모님께서 문제를 내고 받아 적기

부모가 교사 역할을 대신해서 실제처럼 받아쓰기 시험을 봅니다. 학교에서 2~3번 불러 준다고 하면 부모님도 2~3번만 불러 주세요. 띄어쓰기 문장부호를 모두 고려해 채점한다면 부모님도 띄어 읽기를 정확하게 해 주고, 문장부호의 느낌을 살려 읽어 주면 좋습니다. 아이를 위한다고 너무 많이 반복해서 읽어 주거나 너무 천천히 읽어 주면 안 됩니다.

띄어쓰기가 약한 아이라면 미리 급수표나 받아쓰기 공책에 음영처리를 해 주거나 빗금을 쳐 주는 것도 좋은 방법입니다.

1. 소중한 책을 소개해요							
1	낚	시	를		해	요	.
2	모	자	를		썼	다	.
3	끈	을		묶	는	다	.

1. 소중한 책을 소개해요							

4단계: 틀린 문제 다시 써 보기

받아쓰기 시험 연습에서 틀린 단어나 문장은 다섯 번씩 다시 써 보게 합니다. 받아쓰기 전날 다시 한번 틀린 부분을 점검하도록 하는데 틀린 문제는 또 틀릴 수 있기 때문입니다.

일기 쓰는 방법

1단계: 일기 소재 찾기

먼저 하루 동안 겪은 일을 떠올리고 기억에 남는 일을 고릅니다. 처음에는 일기 소재를 정하는 것부터 아이들이 힘들어합니다. 그래서 아이들이 좋아하는 일을 하거나 특별한 경험을 하고 나서 바로 글을 써 보는 것이 처음 일기 쓰는 데 도움이 됩니다. 예를 들어 교실 수업보다는 아이들이 좋아하는 바깥 놀이, 모래 놀이 같은 것을 하고 와서 바로 일기를 쓰게 하면 아이들이 훨씬 더 생생하고 재미있게 씁니다. 그날 있었던 일 중 세 가지 정도 나열해서 그중 하나를 일기 소재를 정합니다. 예를 들어 놀이터에서 놀기, 가족과 함께 외식, 동생이랑 싸운 일 중에 아이가 쓰고 싶은 것을 선택합니다. 가족 외식에 관해 쓰고 싶다고 하면 제목을 정하고 외식을 한 과정을 처음부터 이야기해 봅니다. 왜 외식을 하게 되었는지, 무엇을 먹었는지, 맛은 어떠했는지를 이야기하면서 무엇을 쓸 것인지 구체적으로 한 번 더 정합니다.

일기 쓰기 기초단계로 연꽃 쓰기 기법을 적용해 봅니다

하루 종일 있었던 일을 써 봅니다(꼭 다 채우지 않아도 됩니다)

줄넘기	체육 시간	동생이랑 싸움
실내화 안 가져간 일	_____년 _____월 _____일 있었던 일	담임 선생님께 그림 칭찬
급식 짜장면	수 막대 놀이	태권도

글감이 정해서 생각나는 것 자세하게 써 보기

3교시 수업 후	줄을 서서 급식실로 감	파인애플도 나왔다.
구수한 냄새	짜장면	짜장면을 비벼 입에 넣고
맛있어서 한 번 더 먹음	여러 가지 채소가 까만 짜장에 섞여 있었다	다음 수요일에 먹고 싶다

2단계: 날짜, 요일, 날씨 쓰기

날씨를 재미있게 창의적으로 표현합니다. 날씨를 단순히 '맑음' 또는 '비'라고 쓰는 것보다 문장으로 표현해 봅니다. 아이들은 날씨를 느끼는 마음을 글로 표현하면서 표현력과 관찰력, 사고력을 기를 수 있습니다.

예

- 너무 더워서 아이스크림 먹고 싶어요.
- 땀이 주르르 비처럼 내려요.
- 비 왔다, 해 나왔다. 변덕쟁이 여름 날씨
- 오늘은 해님이 안 보인다.
- 해가 기분이 좋은가 보다. 하루 종일 방긋방긋 웃고 있네.
- 미세먼지가 많아서 답답해요.
- 비가 와서인지 학교에서 돌아올 때 덥지도 않고 바람이 살살 불어서 좋았다.
- 바람이 살랑살랑 불어와 기분이 좋아요.
- 내복을 입어도 떨려요.
- 아침 햇살이 퍼지면서부터 따뜻해지기 시작해서 낮에 점심 먹을 때쯤 아주 따뜻했다.
- 바람에 나무들이 춤을 추어요.
- 아침엔 비가 오고 오후에 해님이 찾아오네.
- 아이고, 더워라! 선풍기 나오면 좋겠네.
- 흐리지만 기분 좋은 날

3단계: 그림을 그리거나 제목을 쓰고 내용쓰기

그림을 그리고 내용을 적어도 되고, 내용을 적고 그림을 그려도 됩니다. 내용은 **되도록 한 일만 쓰지 말고 한 일을 한 줄 썼으면 생각이나 느낌도 한 줄씩 쓰도록** 합니다. 그림 그리는 것을 힘들어한다면 인상 깊은 일, 기억에 남는 일을 사진으로 출력해 붙이고 짧은 글을 적어보는 것도 좋습니다. 처음에는 한 문장, 두 문장부터 시작하면 됩니다.

2024.○월 ○일 ○요일

날씨:바람이 쌩쌩 불어요

제목: 연날리기

학교에서 연날리기를 하였다.
교실에 있을 때는 연이 못나는 줄 알았는데
밖에 나와 날려보니 참 잘 날았다.
잘 날다가 아~~~~~~아~~~~~~~
축구 골대에 부딪쳐 꼬리가 찌져졌다.
그래도 잘 날긴 날았는데 한 바퀴 휘 돌면서 날았다.
연을 따라다니니까 힘들지만 재미있었다.
휙- 휙- 새처럼 날았다.
학교 건물을 넘었다.
나도 연처럼 날았으면 좋겠다.

2024.○월 ○일 ○요일

제목: 갈비

날씨: 벚꽃 눈이 내리던 날

"애들이 갈비 먹으러 가자" 아빠가 퇴근하고 오셨다.
동생 생일날이라 우리 가족은 외식을 하기로 했다. 우리 동생이 좋아하는 갈비집으로 가서 갈비 4인분을 시켰다. 손님이 많아서 갈비가 너무 늦게 나왔다. 기다리느라 너무 힘들었다. 드디어 갈비가 나왔다. 엄마는 동생에게 많이 먹으라고 했다. 나도 왕창 먹고 싶었는데 갈비가 금방 사라져서 조금밖에 못 먹었다. 너무 아쉬웠다. '엄마한테 내 생일 날에는 갈비 실컷 먹자고 해야겠다.'

아이의 일기를 보면서 고치거나 맞춤법을 수정하지 않습니다

처음 일기를 쓰는 아이들은 일기 내용을 쓰는 것 자체가 힘듭니다. 생각을 글로 나타내는 일은 머릿속에 흩어진 생각을 모아 재구성하여 문장을 만들고 글로 써야 하기 때문입니다. 아이의 문장이 어설프거나 앞뒤 문맥이 맞지 않는 것은 당연하므로 부모님이 일방적으로 문장을 불러 주거나 고쳐 주거나 하는 일은 없어야 합니다.

일기는 아이의 생각을 최대한 끌어내 표현하는 것이 목표입니다. 완벽하고 매끄러운 문장을 쓰지 못해도 수용해 주는 자세가 필요합니다. 아이들의 일기를 지도하다 보면 서툰 표현이지만 어른들이 절대 쓰지 못하는 주옥같은 표현을 써 나가는 아이들이 있어 감동할 때가 많이 있습니다. 아이들의 순수한 동심을 인정해 주고 멋진 표현을 만들어 내는 아이들을 격려하고 인정해 주면 일기 쓰기가 더욱 재미있는 일이 될 것입니다.

당연히 맞춤법에 어긋나는 경우도 많이 있습니다. 부모님께서 아이들 일기를 봐 주시면서 맞춤법이 어긋나면 다시 쓰게 하던가, 빨간 펜으로 수정해 주시는 경우가 있는데 그렇게 하지 않는 게 좋습니다. 이제 막 일기 쓰는 법을 배우고 있는데 자꾸 뭔가 지적당하면 일기 쓰기가 싫어집니다. 1학년 과정이 끝나면 아이들의 한글 수준도 향상되고 자연스럽게 맞춤법 교정도 되니 크게 걱정하지 않으셔도 됩니다.

제목과 상관없는 내용이나 하루 일을 쭉 나열하는 글은 쓰지 않도록 합니다

일기를 길게 쓰겠다고 제목에 맞지 않은 일까지 끌어다 쓰는 경우가 있는데 제목에 맞는 글을 써야 합니다. (일기2)의 예처럼 큰따옴표, 작은따옴표 대화 글이나 의성어 의태어는 일기를 생동감 있게 살아나게 합니다.

다양한 형식과 주제로 일기를 씁니다

그림일기를 어느 정도 쓰면 줄글 일기를 쓰기 시작합니다. 날마다 같은 형식의 일기만 쓰면 지겹게 느껴집니다. 무엇을 쓸지 몰라 날짜만 써 놓고 망설이는 아이들에게는 일기 주제를 일기장 뒷장에 인쇄해서 붙여주면 좋습니다. 다양한 형식의 일기를 쓰면 재미있기도 하고 표현력도 좋아집니다.

다양한 주제의 일기들

관찰일기	동식물을 관찰하고 교과 관련이 아니라도 관찰한 내용을 일기로 씁니다. 강낭콩 관찰, 집에서 같이 지내는 반려동물.
동시일기	동시를 지어서 자신의 느낌을 글로 적어요. 흉내 내는 말을 사용하면 좋습니다.
편지일기	주변 사람에게 평소에 직접 말로 하기 어려운 내용을 편지글로 써 봅니다. 책을 읽고 주인공에게 편지 쓰는 것도 좋습니다.
독서일기	자기가 읽은 책이나 읽고 있는 책에 내용이나 느낌을 적는 일기. 줄거리보다는 느낌 위주로 적는 것이 좋습니다. 가장 마음에 드는 인물을 알아보고 그 이유를 적어보기
체험여행 일기	체험을 다녀와서 시간 순서대로 한일과 생각과 느낌을 자세하게 글로 씁니다.
만화일기	만화를 그려서 표현합니다.
공부일기	공부한 내용을 정리하면서 동생이나 친구들에게 가르친다고 생각하고 일기를 쓰면 복습도 되고 개념과 원리를 정리할 수 있어서 좋습니다.
방송일기	TV 방송에 나오는 뉴스나 다큐를 보고 들었던 생각을 정리해서 씁니다.
요리일기	간단한 요리를 부모님과 함께 해보고 요리하는 순서에 따라서 한 일과 생각을 써 봅니다.
그 외의 다양한 주제	내가 날 수 있는 날개가 있다면? 오늘 하루 동안 엄마(아빠)가 된다면 이 친구랑 친해지고 싶어요. 우리 반 친구에게 하는 칭찬 일기 나는 크면 꼭 이런 일을 해 보고 싶어 나에게 요술 램프가 있다면? 나의 좋은 점 다섯 가지 쓰기 내가 좋아하는(또는 싫어하는) 음식은? 만약 내가 남자(또는 여자)라면? 내가 받고 싶은 생일 선물과 이유 적어보기 내가 만약 선생님이 된다면 책을 읽고 책 속의 주인공에게 하고 싶은 말 써 보기

일기를 편안하게 쓰기

아이들이 처음 일기 쓸 때는 구체적인 과정을 보여 주어도 아이들이 여전히 힘들어합니다. 그래서 일기 제목을 정하고 오늘 쓸 일기를 아이와 부모님이 함께 충분히 이야기 나누어 본 다음 아이가 이야기 순서대로 내용을 쓰고 자신의 감정을 자세히 쓰는 연습을 하도록 합니다.

보통 일기 쓰기는 주 2회 정도 과제로 나갑니다. 어느 정도 일기 쓰기가 편안해질 때까지는 부모님께서 일기 쓰기를 도와주세요. 처음에는 일기 쓰기가 어려워도 한 줄을 써도 격려해 주시고 한 줄씩 추가하면서 아이가 부담 없이 일기를 쓰도록 합니다. 일기 쓰기로 꾸준히 글쓰기 연습이 된 아이는 논술이나 글쓰기 대회에서도 자신의 실력을 마음껏 발휘할 수 있습니다.

수학 교과

초등학교 1학년 교육과정은 크게 수 개념 익히기와 수 세기, 연산, 측정, 도형을 다루고 있습니다.

	단원	영역		단원	영역
1학기	1. 9까지의 수	수와 연산	2학기	1. 100까지의 수	수와 연산
	2. 여러 가지 모양	도형		2. 덧셈과 뺄셈(1)	수와 연산
	3. 덧셈과 뺄셈	수와 연산		3. 모양과 시각	도형
	4. 비교하기	측정		4. 덧셈과 뺄셈(2)	수와 연산
	5. 50까지의 수	수와연산		5. 규칙 찾기	규칙성
				6. 덧셈과 뺄셈(3)	수와 연산

수 세기와 수 개념 익히기

수학 공부의 첫 시작은 수를 세기 시작하면서 수 개념을 익히는 것입니다. 수를 알아야 연산을 하고 수학의 학습 확장이 일어납니다. 수 세기는 1학기 1단원에서 9까지의 수를 공부하고, 5단원에서 50까지 수를 배웁니다. 2학기에는 100까지의 수를 공부합니다. 수 개념과 수 세기는 교과서로 공부하지만, 아이들은 구체물 바둑돌이나 공깃돌, 수막대, 쌓기나무 같은 수학 교구를 이용해 수를 세어 보면서 수가 커지면 바둑돌은 많아지고, 수막대는 길어지고, 쌓기나무는 높아지는 것을 손과 눈으로 느끼면서 공부를 하는 것이 좋습니다.

부모님들 중에는 너무 뻔한 것을 가지고 시간 낭비한다고 바로 학습지 문제집을 풀게 해서 수학의 흥미도 떨어뜨리는 경우가 있습니다. 수학하면 연산 학습지와 문제집을 연상시키기 보다는 '재미있다'라고 생각하는 공부 정서가 더 중요합니다. 초등 1학년 수학은 구체물로 즐겁게 접근하는 것이 좋습니다. 1학년은 구체적 조작기에 해당하는 인지발달 단계에 맞게 놀잇감이나 교구를 이용해 게임이나 놀이를 통해 확인 학습을 하고 사고력과 문제해결력을 키워야 합니다.

수 개념에서 서수와 기수의 쓰임에 대해 충분히 알게 합니다

흔히 말하는 '1, 2, 3, 4, 5'는 수를 나타내는 상황에 따라 읽는 방법 다릅니다. 기수는 개수를 나타내는 수로 '하나, 둘, 셋, 넷, 다섯'으로 읽고 '한 개, 두 개, 세 개, 네 개, 다섯 개'로 읽거나 물건이나 대상에 따라 '한 명, 한 통, 한 봉지, 한 송이, 한 대, 한 마리'처럼 여러 어미를 붙여서 수를 나타냅니다. 서수는 차례나 순서를 나타내는 수로 첫째, 둘째, 셋째로 읽으며 1학년, 2학년처럼 학년을 나타내거나 1층, 2층, 10층과 같은 건물의 층이나 기다리는 순서를 나타낼 때 쓰이는 수라는 것을 구분 지어 이해하는 것이 중요합니다. 그래서 똑같은 수라도 기수와 서수의 상황을 정확하게 이해하도록 생활 속에서 적용해 보면 좋습니다.

연산 준비는 가르기 모으기가 필수입니다.

초등학교 1, 2학년 시기에는 수학 영역 중에서 수와 연산이 차지하는 비율이 70% 이상을 차지하고 있어서 아이들이 연산을 잘하면 수학을 잘한다고 생각하는 것이 자연스럽습니다. 초등 1학년 수학 교과서에서 연산을 하기 전 거쳐야 하는 수학 활동은 가르기와 모으기입니다.

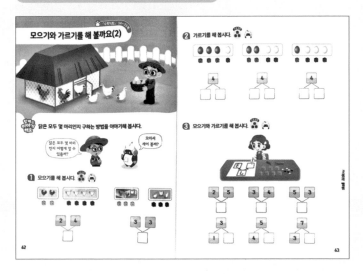
수학 1학년 교과서의 모으기와 가르기 예

덧셈 뺄셈을 하는데 왜 가르기와 모으기인가? 가르기와 모으기를 통해서 수 감각을 배웁니다. 아이들이 나누고 합쳐지는 상황을 알게 되면, 덧셈 뺄셈은 자연스럽게 연결됩니다. 1학기에는 1부터 9까지 여러 장의 수카드를 가지고 5가 되는 수 (1, 4), (2, 3), (4, 1), (3, 2)를 찾아보고 10 가르기 모으기를 합니다. 2학기에는 10 이상의 수를 가르기 모으기 하면서 덧셈 뺄셈을 익히는 것이 좋습니다. A4용지에 수를 만들어 잘라서 해도 좋고, 메이크텐 같은 수학 보드게임을 가지고 수 2개나 3개로 10 만들기를 하거나 수 2, 3, 4개로 10 이상의 수를 만들기를 하면 학습지나 연산 학습지와 달리 아이들은 게임이라고 생각해서 지겨워하지 않고 재미있게 수학 공부를 합니다.

연산을 더 잘하기 위해서 많은 학습지나 문제집을 푸는 경우가 많은데, 많은 양을 하기보다는 적절한 양을 아이와 함께 정하고 날마다 꾸준히 스스로 할 수 있도록 계획을 세워서 실천하는게 좋습니다. 부모님께서 욕심이 나서 많은 양을 정하기보다는 아이가 정해서 하도록 하세요. 아이가 더 하고 싶은 욕구가 생길 때 학습량이 늘어 납니다.

시계 보기: 정각과 몇 시 30분 읽기

요즈음 아이들은 휴대전화와 디지털 시계에 익숙하다 보니 아날로그 시계의 시곗바늘을 보고 시간을 잘 이해하지 못합니다. 1학년 2학기 시계와 규칙 찾기 단원을 공부하면서 정각의 개념과 1시 30분, 2시 30분처럼 간단한 시간을 학습합니다. 그리고 더 추가한다면 5분 단위의 시간 읽기를 해 봅니다. 시계에서 큰 바늘이 1, 2, 3씩 늘어나지만, 분이라는 개념에서는 5, 10, 15분이라고 읽고 5씩 커지는 규칙을 가르쳐 줍니다.

평소에 시계를 보면서 생활해 온 아이들은 시계 보기가 어렵지 않지만, 1학년 아이들은 시계를 보면서 "10시 30분에 도서실 간다" 하고 시계를 손으로 가리켜 작은 바늘이 10, 큰 바늘이 6에 있는 것이라고 하면 시계의 규칙성을 이해하지 못하고 의아해하는 경우가 있습니다. 시계 공부를 할 때는 시계의 규칙성, 시간을 나타내는 경우는 긴바늘이 분을 나타내고, 짧은 바늘이 시각을 의미한다는 것을 알려줍니다. 그리고 10시 30분일 때 작은 바늘의 위치가 10과 11사이에 위치하는 원리를 모형 시계로 꼭 확인하고 익히도록 합니다. 모형 시계를 돌려 큰 바늘이 돌아가는 동안 짧은 바늘도 함께 움직인다는 것을 직접 보고 느낄 수 있도록 지도해 주세요. 가능하다면 모형 시계 뒷면도 분해해서 톱니바퀴가 맞물려 돌아가는 원리도 눈으로 확인하면 이해하는 데 도움이 됩니다.

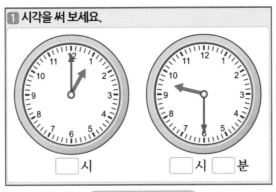
시계 보기 예시 문제

도형 학습은 구체물로 재미있게 공부합니다.

도형 학습에서 가장 중요한 것은 직접 만져 보고 조작하면서 공간 감각을 익히는 것입니다. 하지만 교과서에 제시된 도형들은 종이 지면에 표현하다 보니 입체보다는 평면의 느낌이 많이 듭니다. 1학기에서는 공 모양, 깡통 모양, 상자 모양의 다양한 입체도형을 공부합니다. 우리 주변에 존재하는 물건들이 어떤 모양에 해당하는지 만지고 탐색할 시간을 많이 주고 분류도 해 보면서 굴려 보거나, 세워 보거나, 쌓기를 하면서 어떤 특징이 있는지 확인을 합니다.

교구를 사용한다고 하면 비싼 것을 떠올리게 되는데, 아이들이 접하는 생활 속에서 여러 가지 물건들인 공, 화장품 용기, 과자 상자, 컵, 택배 상자, 두루마리 휴지 들은 모두 교구가 될 수 있습니다. 이런 생활용품들을 직접 체험해 보는 시간을 가져 보세요.

수학은 날마다 꾸준히 공부하는 습관이 중요합니다.

교육과정이 어떻게 구성되어 있는지 학부모님께서도 눈여겨보셔야 합니다. 아이가 학원이나 학습지 문제 풀이에 일찍부터 익숙해져서 시험 점수가 잘 나오면 부모님은 아이가 수학을 잘한다고 여깁니다. 물론 이미 문제 풀이에 익숙한 아이와 입학해 처음 수학을 배우는 아이는 처음에 차이는 있습니다. 하지만 시간이 지나면 크게 차이가 나지 않습니다. 어설픈 선행 학습은 자발적인 수학 공부에 방해가 됩니다. 수학책과 수학익힘책 교과서를 가지고 문제를 차근차근 해결해 나가며 놀이나 게임 활동을 통해 생각하면서 완전히 이해해 나가야 진짜 실력이 쌓입니다. 수학 공부를 더 하고 싶다면 날마다 학교에서 배우는 진도에 따라 복습을 하고, 아이 수준에 맞는 연산 학습지나 문제집을 정해 하루에 1~2쪽이면 적당합니다.

교구와 놀이를 이용해 추상적 수학 개념을 익힙니다

수학을 잘하려면 생활 주변에서 일어나는 여러 가지 문제를 수학적으로 관찰하고 분석·조직하여 사고력을 길러야만 합니다. 스스로 문제를 해결하려는 의지와 끈기도 필요합니다. 수학은 추상적인 기호와 약속으로 이루어져 있습니다. 머릿속으로 추상적 개념을 이해하고 사고할 수 있는 나이는 적어도 초등학교 고학년 이상입니다. 따라서 초등학교 1학년은 구체적 사물로 수학의 추상적 개념을 이해해야 합니다. 수모형, 바둑돌, 수 카드, 수막대, 블록, 모형판, 모형 시계 같은 다양한 수학 교구와 칠교놀이, 산가지처럼 여러 놀잇감을 활용합니다.

쉬운 문제부터 차근차근 정확히 풉니다

문제를 많이 푸는 것보다 정확하게 푸는 것이 더 중요합니다. 쉬운 문제부터 시작해서 천천히 어려운 문제로 수준을 높여야 아이는 성취감을 느끼고 자신감을 유지할 수 있습니다. 서술형 문제를 어려워하는 아이도 천천히 문제를 해결해 나가도록 도와줍니다. 서술형 문제가 어렵다고 생각하는 아이들은 단순한 계산 문제에 매달려 수학을 해결하려는 아이들입니다. 문제를 읽고도 문제의 뜻을 잘 이해하지 못해 무슨 말인지 모르는 경우입니다. 실제로 연산이나 수 개념이 부족해서 문제를 풀지 못하는 경우보다 문제의 의미를 파악하지 못해 문제를 풀지 못하는 경우가 더 많습니다. 그리고 주어진 계산은 하는데 식을 세우지 못하는 경우입니다. 이를 해결하기 위해선 문제에 나온 지시 사항을 의미 단위로 끊어 읽어서 문제를 해결합니다. 그리고 지시 내용을 그림으로 그려 가면서 문제를 파악하고 해결하는 방법도 추천합니다.

에 과일가게에 갔습니다. 파란 바구니에는 사과가 8개 담겨 있고, 노란 바구니에는 귤이 5개 있습니다. 과일가게에 있는 과일은 모두 몇 개입니까?

식: 8+5=13

답: 13

서술형 문제에 대해 어려움을 해결하기 위해서는 독해력을 기르는 것이 중요합니다. 독해력은 연산 문제를 많이 푼다고 해결되는 것이 아니고 평소에도 짧은 글이라도 정확하게 읽고 이해하는 활동을 꾸준히 해야 합니다. 책읽기는 국어 활동으로 생각하지만 수학 학습까지 학습능력을 키우는 활동입니다. 초등 1학년부터 책읽기를 꾸준히 하도록 노력을 기울어 주세요.

평가 때 오류가 자주 나오는 예1

❶ (   )안에 번호를 찾아 쓰라고 했는데 바로 정답을 쓰는 경우

❷ 기호를 쓰라고 했는데 번호를 쓰는 경우

❸ 정해진 □안에 수를 쓰라고 했는데 아무 곳에나 쓰는 경우

❹ 문제를 잘 풀고도 숫자를 정확하게 쓰지 않아 틀리는 경우

   (특히 '0'과 '6', '1'과 '7'을 정확하게 구분해 쓰기)

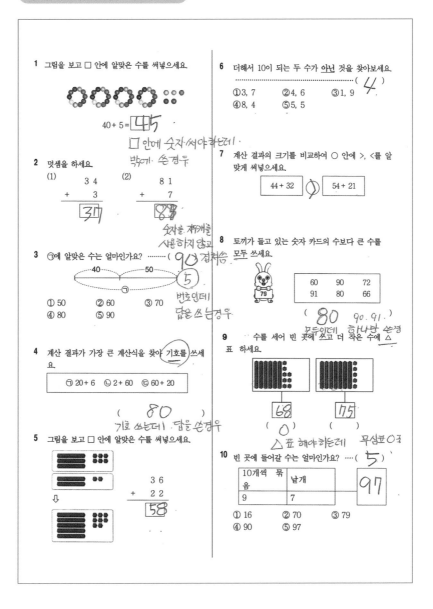

1 그림을 보고 □ 안에 알맞은 수를 써넣으세요.

40 + 5 = 45

□ 안에 숫자 써야하는데
밖에 쓴 경우

2 덧셈을 하세요.

(1)
```
    3 4
 +    3
   3 7
```

(2)
```
    8 1
 +    7
   8 8
```

숫자를 제대로
사용하지 않고
겹쳐쓴 경우

3 ㉠에 알맞은 수는 얼마인가요? .... (90)

5

① 50　　② 60　　③ 70
④ 80　　⑤ 90

번호인데
답을 쓰는 경우

4 계산 결과가 가장 큰 계산식을 찾아 기호를 쓰세요.

㉠ 20 + 6　　㉡ 2 + 60　　㉢ 60 + 20

(80)

기호 쓰는데 답을 쓴 경우

5 그림을 보고 □ 안에 알맞은 수를 써넣으세요.

```
    3 6
 +  2 2
   5 8
```

6 더해서 10이 되는 두 수가 **아닌** 것을 찾아보세요.
(4)

① 3, 7　　② 4, 6　　③ 1, 9
④ 8, 4　　⑤ 5, 5

7 계산 결과의 크기를 비교하여 ○ 안에 >, <를 알맞게 써넣으세요.

44 + 32 ⃟ 54 + 21

8 토끼가 들고 있는 숫자 카드의 수보다 큰 수를 모두 쓰세요.

79

| 60 | 90 | 72 |
| 91 | 80 | 66 |

(80　90. 91.)

모두인데 하나만 쓴 경우

9 수를 세어 빈 곳에 쓰고 더 작은 수에 △ 표 하세요.

68　　　75

(○)　( )

△ 표 해야 하는데 무심코 ○로

10 빈 곳에 들어갈 수는 얼마인가요? .... (5)

10개씩 묶음	낱개
9	7

97

① 16　　② 70　　③ 79
④ 90　　⑤ 97

일상에서 수학에 대한 호기심을 키웁니다.

달력, 시계, 동전, 키와 몸무게, 엘리베이터 층수, 버스 번호, 태권도의 품과 단 같은 일상생활에서 숫자를 찾아보거나 도서관에 가서 빌린 책의 권 수, 슈퍼마켓에서 산 물건의 개수와 가격을 짚어 보며 수학에 호기심을 갖게 합니다. 아이와 함께 요리하는 과정은 계량 도구, 음식 재료의 모양과 길이, 크기의 수학 개념을 이해하는데 유용합니다.

2022 개정 교육과정에서는 다루지 않고 있지만, 아이들의 수학적 상황을 이해하는데 동화를 기반으로 하는 스토리텔링 수학은 연산 중심의 문제 풀이 수학에서 벗어나 수학을 실생활에 적용해 개념과 원리를 이해하도록 한 것입니다. 수학 동화를 읽는 것은 스토리텔링 수학에 접근하는 좋은 방법입니다. 추상적인 수학 개념을 자연스럽게 이해하고 동화의 이야기 전개를 따라가며 수학의 바탕인 논리적 사고력을 기를 수 있습니다. 교과 단원에 맞는 수학 동화를 미리 읽으면, 재미있게 수학을 공부하는데 도움이 됩니다.

개념을 정확하게 이해합니다

수학은 숫자와 기호를 사용하는 학문입니다. +, -, = 같은 연산기호의 뜻을 정확하게 이해해야 합니다. '1+2=3'이라는 문제는 초등학교 1학년 아이들에게도 너무 쉬운 문제이지만 이것을 설명하는 말로 읽으라고 하면 "1 더하기 2는 3과 같습니다", 또는 "1과 2의 합은 3과 같습니다"라고 정확히 읽는 아이가 드뭅니다.

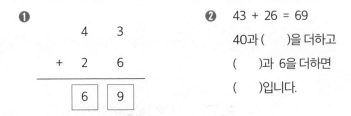

❶

$$
\begin{array}{r}
4\ 3 \\
+\ 2\ 6 \\
\hline
\boxed{6}\ \boxed{9}
\end{array}
$$

❷ 43 + 26 = 69

40과 (　　)을 더하고

(　　)과 6을 더하면

(　　)입니다.

❶번 계산은 아이들이 쉽게 하는데

❷번은 아이들이 **덧셈에 대한 이해 부족으로 많이 틀리는** 문제입니다.

속도보다 정확성이 중요합니다

기계적으로 연산 학습지를 너무 많이 풀다 보면, 문제를 제대로 읽지도 않고 건성으로 푸는 경향이 있습니다. 1학년 연산 연습에서는 속도보다 정확하게 푸는 것이 더 중요합니다. 문제를 빨리 푸는 데 집착하지 말고 문제를 제대로 읽고 정확하게 풀이 과정을 쓰는 습관을 들이도록 합니다.

놀이 수학으로 수학의 흥미를 높입니다

2022년 개정 교육과정에서 1학년 수학 각 단원에 놀이 수학을 소개하고 있습니다. 놀이 수학은 머리만 쓰는 게 아니라 몸을 함께 쓰기 때문에 재미있게 수학을 받아들입니다. 초등학교 1학년 때는 문제 풀이보다 의사소통능력과 문제 해결 전략, 창의성과 추론 능력을 길러주는 놀이 수학을 추천합니다. 가족이 함께 도미노 더블식스, 메이크텐, 할리갈리, 조이

블록, 소마큐브, 펜토미노, 젠가, 칠교, 산가지 같은 교구를 활용해 즐거운 수학 놀이 시간을 가져 보길 권합니다.

멀티큐브

수 카드

칠교놀이

1학년 수학 교과 관련 연계 도서

도서명	저자	출판사
이상한 그림책	아노 미쓰마사	비룡소
수학은 너무 어려워	베이트리스 루에	비룡소
100곰	나비아씨	비룡소
숫자랑 놀자	마생	마루벌
100층 짜리 집	이와이 도시오	북뱅크
성형외과에 간 삼각형	마릴린 번즈	보물창고
네모 나라 세모 나라 동그리미 나라	프란체스코 토노치	키즈엠
욕심꾸러기 삼각형	마릴린 번스	보물창고
딱한번만 더!	나오미 존스	미운오리새끼
수학 수학놀이하자1.2	크리스틴 달	김영사
무적의 수학 탐험대	웬디 클림슨 외	초록아이
1학년 스토리텔링 수학동화	우리기획	예림당
덧셈놀이	로렌리디	미래아이
우리 한과 먹을래요	김영미	미래엔아이세움
수학그림동화	안노 미쓰마사 외	비룡소
무적의 수학탐험대	웬디 클림슨 외	초록아이
수학아 수학아 나 좀 도와줘!	조성실	삼성당
도형 놀이터로 나와	조성실	북멘토
양치기 소년은 연산을 못한대	박영란	동아사이언스
콩닥콩닥 시계 보기	황근기	살림어린이
시간과 시계	로지호어	어스본코리아
시계 임금님	고스기사나에	주니어RHK
쉿! 신데렐라는 시계를 못 본대	고자현	뭉치
숲 속 시계	틴맨	우리책

집에서 하는 수학 놀이와 교구

1) 수 세기

[준비물] 바둑돌, 산가지, 사탕, 공깃돌, 수막대.
달걀 상자, 동전 1원, 10원, 100원, 1000원짜
리

[수 세기 방법] 많은 양의 물건들을 효율적으
로 세기를 해 보도록 한다. 그냥도 세어 보고
10개씩 묶어서 세어 보면 좋은 점도 아이들이
찾아내는 방법도 좋다.

게임을 하면서 세어 보든 주어진 개수를 세어
보든 10개 이상이면 반드시 고무줄로 묶거나,
종이컵, 달걀 통에 넣어서 수를 세어 보도록 하
는데 모든 수 세기는 10개 단위로 묶어 놓고
10개짜리가 몇 개고 낱개가 몇이라서 수 세기
를 한 수가 얼마가 되는지를 말해 보는 것이다.
학습지나 교과서에 제시된 모형이나 그림에

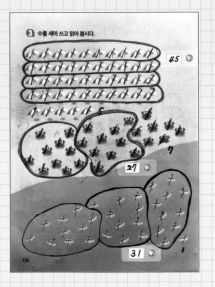

나온 사물을 세어 볼 때도 꼭 연필을 들고 '/'표시를 해 가면서 10개 단위로 묶는 것도 꼭 해 보
도록 합니다.

2) 수배열표 놀이

[준비물] 전지 크기의 1에서 100까지 수 배열표

[놀이방법]

㉠ 수배열표를 벽이나 천정에 붙여놓고 앉아서 수를 알아맞히기 게임을 가볍게 합니다. 간단
한 놀이이지만 수의 개념과 규칙이나 상호 관계성을 이해하는 데 많은 도움이 됩니다.

　① 엄마가 생각하는 수 알아맞히기: 2보다 크고 4보다 작은 수는?

　② 홀수, 짝수 알아보기: 25 다음 짝수는?

1	2	3	4	5	6	7	8	9	10
11	12	13	14	15	16	17	18	19	20
21	22	23	24	25	26	27	28	29	30
31	32	33	34	35	36	37	38	39	40
41	42	43	44	45	46	47	48	49	50

홀수 색칠 해 보기

1	2	3	4	5	6	7	8	9	10
11	12	13	14	15	16	17	18	19	20
21	22	23	24	25	26	27	28	29	30
31	32	33	34	35	36	37	38	39	40
41	42	43	44	45	46	47	48	49	50

짝수 색칠 해 보기

1	2	3	4	5	6	7	8	9	10
11	12	13	14	15	16	17	18	19	20
21	22	23	24	25	26	27	28	29	30
31	32	33	34	35	36	37	38	39	40
41	42	43	44	45	46	47	48	49	50

한 칸씩 아래로 내려오면 10개씩 커진다

1	2	3	4	5	6	7	8	9	10
11	12	13	14	15	16	17	18	19	20
21	22	23	24	25	26	27	28	29	30
31	32	33	34	35	36	37	38	39	40
41	42	43	44	45	46	47	48	49	50

10개씩 4묶음 중 홀수, 더면서 가장 큰수

1	2	3	4	5	6	7	8	9	10
11	12	13	14	15	16	17	18	19	20
21	22	23	24	25	26	27	28	29	30
31	32	33	34	35	36	37	38	39	40
41	42	43	44	45	46	47	48	49	50

여기에 들어갈 35보다 작은 수. 답? 41.

1	2	3	4	5	6	7	8	9	10
11	12					17	18	19	20
21	22					27	28	29	30
31	32					37	38	39	40
41	42					47	48	49	50

위 □ 칸 중에서 가장 큰 수는 : 46
위 □ 칸 중에서 가장 작은 짝수는 :

40보다 4 큰 수는?

1	2	3	4	5	6	7	8	9	10
11	12	13	14	15	16	17	18	19	20
21	22	23	24	25	26	27	28	29	30
31	32	33	34	35	36	37	38	39	40
41	42	43	44	45	46	47	48	49	50

30보다 작은 수중 가장 큰 짝수는,

1	2	3	4	5	6	7	8	9	10
11	12	13	14	15	16	17	18	19	20
21	22	23	24	25	26	27	28	29	30
31	32				36	37	38	39	40
41	42	43	44	45	46	47	48	49	50

위의 빈칸에 알맞은 수는? 설명해 보기

③ 일곱에서 시작하면 여덟, 아홉, 열 순으로 앞으로 세기

④ 넷에서 시작해서 셋, 둘, 하나 순으로 거꾸로 세기

⑤ 2씩 뛰어보기, 5씩 건너 뛰어보기 (손가락으로 집어가면서 수 말하기)

⑥ 좋아하는 수 맞히기 : 10묶음짜리 4개이고 제일 큰 홀수는?

⑦ up down 게임: ~ 보다 2 큰 수는? ~ 보다 5 작은 수는?

⑧ 10씩 커지는 수 알아보기; 22보다 10 큰 수는?

⑨ 10씩 작아지는 것 알아보기: 50보다 10작은 수는?

3) 가르기 모으기 (덧셈 뺄셈 개념 익히기)

[준비물] 우드락, 종이컵

[놀이방법]

① 앞뒤 색이 다른 우드락을 1cm X 1cm 크기로 많이 잘라 둔다.

② 종이컵을 준비해 만약 '7 가르기'라고 하면 우드락 조각을 7개 넣고 섞는다.

③ 책상 위에 종이컵을 쏟아 두 가지 색으로 분리해서 몇 개씩인지 세어 본다.

④ 가르기를 암산으로도 해 본다.

⑤ 가르기가 끝나면 모으기를 한다. 예를 들어 부모님이 3이라고 하면 아이는 4라고 한다.

⑥ 5, 6, 7, 8, 9 가르기를 충분히 하고 나면 가장 중요한 '10 가르기'를 한다.

7			10		
가르기		모으기	가르기		모으기
3	4	7	9	1	10
1	6	7	7	3	10
2	5	7	2	8	10
3	4	7	5	5	10
3	4	7	3	7	10
1	6	7	5	5	10

4) 메이크텐 변형 수 카드로 (1~9까지 수를 여러 장 A4용지에 출력해서 준비)

① 수 카드 2개로 10 만들기

② 수 카드 3개로 10 만들기

③ 수 카드 4장으로 10 만들기

④ 수 카드 2, 3, 4, 5장으로 10을 만들기를 충분히 하고 11, 12, 13, 14도 만들면서 학습지로 연산 훈련을 하는 것보다 훨씬 흥미 있게 연산 공부를 다양하게 사고하면서 학습이 이루어집니다.

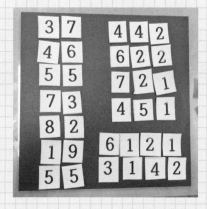

5) 내가 가진 바둑돌은 몇 개?

[준비물] 바둑돌 10개. 주머니

[놀이방법]

주머니에 바둑돌 10개를 넣고 두 명 중 한 명이 먼저 주머니의 바둑돌을 집어 들고 주머니에 남아 있는 바둑돌을 맞추어 본다.

6) 고래밥 과자를 활용한 1~50까지 수 세기

[준비물] 고래밥 과자 1봉지, 1에서 50까지의 숫자판

[놀이방법]

① 종이컵 5개에 고래밥 과자를 10개씩 세어서 담습니다.

② 과자를 꺼내 숫자판에 하나씩 올려놓습니다.

③ 같은 모양의 과자끼리 분류해서 수를 세보고 숫자를 적습니다.

※ 내가 찾은 바다 생물은 몇 마리?

바다생물	나열하기	객수
고래		
돌고래		
오징어		
불가사리		
꽃게		
복어		
거북이		

7) 숫자 말하기 게임

[준비물] 공이나 손수건

[놀이방법]

① 1부터 50까지의 수에서 어떤 규칙으로 수를 말할지 정한다.

② 정해진 규칙에 따라 차례대로 숫자를 하나씩 말하면서 공을 넘긴다.

③ 10, 20, 30, 40, 50 중 하나를 말해야 하면 '야옹'이라고 외친다.

④ '야옹'이라고 말하는 것을 잊는 경우 벌칙을 준다.

8) 신문지 놀이 (길다. 짧다, 넓다. 좁다 개념 익히기)

[준비물] 한 사람당 신문지 10장 정도, 바구니 또는 큰 상자 2개

[놀이방법 1]

① 정해진 시간 안에 신문지를 끊어지지 않게 길게 자르고 서로 길이를 비교한다.

② 길이가 긴 신문지는 구겨서 공 모양으로 만든다.

③ 신문지 공을 상대방 바구니(또는 상자)에 던져 넣는다.

④ 신문지 공이 적게 모인 쪽이 이긴다.

[놀이방법 2]

① 신문지를 반으로 접어서 각자 신문지 위에 올라가서 5초간 버틴다.

② 성공하면 신문지를 다시 절반 접고 그 위에 올라가 5초간 버틴다.

③ 계속 신문지를 절반씩 접고 그 위에 올라가 5초간 버티기를 끝까지 하는 사람이 이긴다.

9) 젠가

[준비물] 젠가 세트

[놀이방법]

① 젠가를 한 개짜리, 이어 붙인 두 개짜리, 또 세 개, 네 개…… 아홉 개까지 붙여서 늘어 놓는다.

② 1부터 9까지 수를 길이나 넓이 개념으로 비교한다.

10) 땅따먹기

[준비물] 바둑돌이나 공깃돌, 큰 종이

[놀이방법]

① 큰 종이에 사각형 테두리를 그린다.

② 각자 자기 영역을 지정한다.

③ 돌을 튕겨 세 번 만에 자기 영역으로 돌아오면 돌이 움직인 대로 금을 그어 자기 땅이 된다. 손과 눈 협응력을 기르고 넓이 비교를 할 수 있다.

11) 산가지 놀이

[준비물] 나무젓가락 100개

[놀이방법]

① 나무젓가락을 반으로 갈라 쌓아둔다.

② 가위, 바위, 보를 해서 이긴 순서대로 나무젓가락을 빼서 자기 앞으로 가져온다. 이때 다른 나무젓가락이 움직이면 안 되고 만약 움직이면 그대로 둔다.

③ 나무젓가락이 모두 없어지면 각자 가져간 나무젓가락을 10개씩 묶으면서 세어 본다.

④ 많이 가져간 사람이 이긴다. 또는 10개씩 묶고 나머지가 많은 사람이 이기도록 규칙을 정해도 된다.

12) 주사위 덧셈 뺄셈 놀이

[준비물] 주사위 2~3개

[놀이방법]

① 가위, 바위, 보를 해서 이긴 사람이 먼저 주사위 2개를 던진다.

② 주사위 눈의 합이나 차를 구한다.

③ 다음 사람도 주사위 2개를 던져 합이나 차를 구한다.

④ 주사위 눈의 합이나 차가 큰사람이 이긴다. 다섯 번을 먼저 이긴 사람이 최종 승자가 된다. 아이의 수준에 따라 주사위 3개를 던져서 합이나 차를 구하기도 한다.

13) 숫자 다섯 고개, 열 고개

[준비물] A4용지, 필기도구, 100까지 수 배열표

[놀이방법]

① 문제를 내는 사람이 A4용지 반쪽에 숫자를 쓰고 보이지 않게 뒤집어 놓는다.

② 다섯 고개 문제를 내고 '예, 아니요'로 대답하며 수 배열표에서 범위를 점점 좁혀간다.

고개	질문	답
1	70보다 큽니까?	예
2	10개 묶음 8개보다 큽니까?	예
3	낱개는 홀수입니까?	아니오
4	짝수 중에 가장 큰 수입니까?	아니오
5	짝수 중에 가장 작은 수입니까?	예
6	정답	82

14) 기타 : 뱀 주사위판 놀이, 윷놀이, 오목 놀이, 일상생활에서 시계와 달력 보기

※ 승부를 떠나 재미있게 놀이하기

아이들은 승부 게임을 하면 이기려고 애씁니다. 이겨야 재미있다고 생각하지요. 그러나 승부에 너무 집착하면 놀이 효과가 감소할 수 있습니다. 적절하게 승패를 조절해 주시면 좋은데 아이가 두 번 이기면 부모님이 한 번 정도는 이기는 비율이 좋습니다. 간혹 질 것 같으면 중간에 그만둬버리는 아이가 있습니다. 게임은 끝까지 참여하는 자세가 중요하다는 것, 그리고 정정당당하게 규칙을 지켜야 한다는 것을 꼭 알려주세요. 게임이 끝나고 정리정돈까지 아이 스스로 할 수 있도록 하면 성취감도 커집니다.

15) 수학 공부에 도움 되는 수학 교구와 연산 학습지

연산 학습지: <소마셈>, <상위권 연산 960>, <똑똑한 하루 빅터연산> <하루한장 쏙셈>, <기탄수학> 문제집은 서점에서 살펴보시고 아이에게 선택할 수 있도록 배려하는 것이 좋습니다. 문제집을 두세 권 정해서 아이에게 선택하도록 합니다. 문제집을 선택하고 나면 하루에 어느 정도 공부할지 아이와 상의하여 정하도록 하고 시간이나 양은 아이가 스스로 정해서 스스로 매일 실천하는 훈련을 하도록 합니다. 부모님이 시간이나 양을 정하면 똑같은 양을 하더라도 아이의 학습 주도권을 빼앗게 되는 것입니다. 그리고 너무 쉬운 문제가 반복되면 수준을 올려주고 지겹게 반복하지 않도록 하는 것이 중요합니다. 적은 문제를 하더라도 이해하고 사고하는 과정이 있는 것이 좋습니다. 너무 많은 양을 반복해서 연산하다 보면 생각하면서 연산하는 것이 아니라 기억으로 연산하는 경우가 생깁니다.

여러 가지 수학 교구들

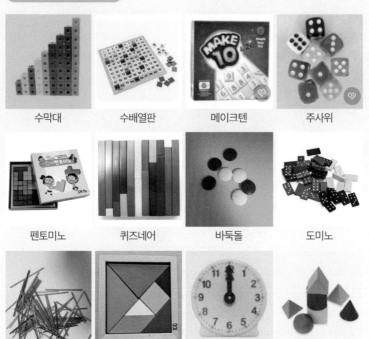

수막대	수배열판	메이크텐	주사위
펜토미노	퀴즈네어	바둑돌	도미노
산가지	칠교	모형시계	입체모형 도형

통합 교과

핵심 아이디어를 반영한 통합 교과서는 모두 8개의 주제로 나뉩니다.

1학년 1학기 〈학교〉 〈우리나라〉 〈사람들〉 〈탐험〉

1학년 2학기 〈하루〉 〈약속〉 〈이야기〉 〈상상〉

이렇게 8개의 주제를 대략 한 달에 하나씩 공부하고, 통합 교과 수업은 아이들이 세상을 알아가는 시간이라 주제 대부분이 실생활과 관련되어 있습니다.

통합 교과는 주당 바른생활, 슬기로운 생활, 즐거운 생활로 구성되며 총 10시간 공부합니다. 바른생활은 기본 생활습관을 배우고 실천하는 교과이고, 슬기로운 생활은 주변을 탐구하는 교과이며, 즐거운 생활은 음악, 미술, 체육활동에 관한 교과입니다. 통합 교과서는 주로 그림 위주로 되어 있어서 주제를 안내하는 역할을 하고 실제 수업 내용은 주제에 맞게

1학기 교과서

2학기 교과서

통합 교과서 단원 구성

	영역	핵심 아이디어	금
1학기	1. 우리는 누구로 살아갈까	우리는 내가 누구인지 생각하며 생활한다	학교 1-1
		우리는 서로 관계를 맺으며 생활한다	사람들 1-1
	우리는 어디서 살아갈까	우리는 여러 공동체 속에서 생활한다	우리나라 1-1
		우리는 삶의 공간을 넓히며 생활한다	탐험 1-1
2학기	우리는 지금 어떻게 살아갈까	우리는 여러 유형의 주기로 생활한다	하루 1-2
		우리는 과거, 현재, 미래를 생각하며 생활한다	약속 1-2
	우리는 무엇을 하며 살아갈까	우리는 경험하고 상상하고 만들며 생활한다	상상 1-2
		우리는 느끼고 생각하고 표현하며 생활한다.	이야기 1-2

선생님과 아이들이 협력하여 구성해 갑니다.

통합 교과 공부는 단원 관련 책읽기로 시작합니다.

초등학교 1학년은 책읽기를 강조하는데 통합 교과도 주제에 맞는 책을 선택해 읽으면 절반은 공부가 되었다고 생각합니다. 예를 들어 교과서 〈우리나라〉가 있으면 '우리나라' 주제어를 검색해 책을 선정하면 됩니다. 주제에 맞는 책읽기를 하고 학교 수업을 하면 배경 지식이 많아서 집중도가 높아지고 적극적으로 참여하게 됩니다. 부모님께서는 주간학습을 참고하여 진도에 맞는 책을 도서관이나 서점에서 준비하여 아이들이 주제 독서를 하는데 도와 주시면 됩니다. 학교에서 각 단원에 맞게 바

른생활, 슬기로운 생활, 즐거운 생활에 맞는 다양한 활동을 합니다. 단원에 맞춰 주제 독서가 이루어지면 활동 수업을 할 때, 어떤 관련이 있어서 지금 활동을 하는지 더 잘 이해를 할 수 있어 수업에 즐겁게 참여하게 됩니다.

단원 공부를 정리하는 마인드맵

여러 가지 방법으로 학습한 뒤 24시간이 지나고 기억에 남는 비율을 연구한 결과를 살펴보면 그냥 듣기만 하는 경우는 5%, 관련된 활동을 실제해 보는 경우엔 75%, 자기의 지식을 다른 사람에게 말로 설명하는 경우는 90%가 기억에 남는다고 합니다.

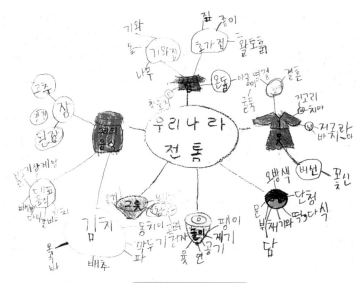

아이들이 그린 마인드맵

210

한 단원이 끝나면 마인드맵으로 공부한 내용을 정리할 수 있습니다. 마인드맵을 작성한 뒤 가족이나 친구들에게 설명하다 보면 중요한 내용을 다시 한번 확인할 수 있습니다. 210쪽 그림은 반 아이들이 우리나라에 관한 주제 독서를 한 뒤 '나도 전문가'라고 생각하고 마인드맵으로 정리한 것입니다.

알아두세요!

1학년 통합 교과 관련 연계 도서

	도서명	저자	출판사
	괜찮아 우리 모두 처음이야	이주희	개암나무
	입학을 축하합니다	김경희	책먹는아이
	학교 처음 가는 날	김하루	국민서관
	학교 가기 조마조마	어린이통합 교과연구회	상상의집
	도서관에 간 사자	미셸 누드슨	웅진주니어
	도서관에서 처음 책을 빌렸어요	이순미	보물창고
	학교에서 사귄 첫 친구들이에요	감하늬	밝은미래
1-1 학교	칠판 앞에 나가기 싫어	다니엘 포세트	비룡소
	너랑 절대로 친구 안 해	김리라	사계절
	나 먼저 할래	최형미	스콜라
	왜 마음대로 하면 안돼요?	양혜원	좋은책어린이
	틀려도 괜찮아	마키타 신지	토토북
	달라도 친구	허은미	웅진주니어
	난 토마토 절대 안 먹어	로렌 차일드	국민서관
	딴 생각하지 말고 귀 기울여 들어요	서보현	상상스쿨

1-1 학교	짝꿍	박정섭	위즈덤하우스
	짝꿍 바꿔 주세요	다케다 미호	웅진주니어
	가시 소년	권자경	천개의바람
	내 말을 전해 줘!	메릴린 새들러	키즈엠
	가만히 들어 주었어	코리도 어펠드	북뱅크
	내 말 좀 들어 주세요	하인츠 야니쉬	상상스쿨

	도서명	저자	출판사
1-1 사람들	인사를 나눠 드립니다	이한재	킨더랜드
	세상엔 좋은 사람들이 많단다	마이클 리애나	보물창고
	쫌 이상한 사람들	마이클 탕고	문학동네
	세상에 필요한 건 너의 모습 그대로	조안나 게인즈	템북
	진짜 동생	제랄드 스테르	바람의아이들
	두더지의 고민	김상근	사계절
	걱정이 너무 많아	김영진	길벗어린이
	걱정 상자	조미자	봄개울
	겁쟁이 빌리	앤서니 브라운	비룡소
	모두 모두 안녕하세요	홍선주	꼬마이실
	행복을 선물해요, 친절	안젤라 발세키	라임
	감자 이웃	김윤이	고래이야기
	친구랑 함께한 하루	필립 베히터	시금치
	나를 봐	최민지	창비
	누구에게나 재능은 있어	루크드울프	주니어김영사
	토리의 수상한 가방	채정택	토리아트

212

	도서명	저자	출판사
1-1 우리 나라	우리 순이 어디 가니	김효정	웅진주니어
	두더지 소원	김상근	사계절
	봄 여름 가을 겨울	꼼은영	한림출판사
	달 샤베트	백희나	책읽는곰
	가을에는 모두 바쁜가 봐	줄리아나 그레고리	에듀엔테크
	솔이의 추석이야기	이억배	길벗어린이
	울긋불긋 가을 밥상을 차려요	김영혜	시공주니어
	가을 숲 도토리 소리	우종영	파란자전거
	할머니 어디가요? 밤 주으러 간다!	조혜란	보리
	신비한 겨울 숲의 동물들	캐런 브라운	사파리
	겨울잠 자니?	도토리	보리
	오늘은 우리 집 김장하는 날	채인선	보림
	식물은 어떻게 겨울나기를 하나요?	한영식	다섯수레
	안녕 태극기	박운규	푸른숲주니어
	떡국의 마음	천미진	키즈엠
	우리나라 음식 여행	김인혜	사계절
	산골짜기 연이네 비빔밥	천미진	키즈엠
	된장찌게	천미진	키즈엠
	무얼하고 놀지?	최윤정	여원미디어
	우리나라를 소개합니다.	표시정	키다리
	우리나라 지도책	최설희	상상의집
	햇빛과 바람이 정겨운 집 우리 한옥	김경화	문학동네어린이
	오방색이 뭐예요?	임어진	토토북
	신통방통 한복	박현숙	좋은책어린이

1-1 우리 나라	한지 나라	이종철	보림
	신통방통 우리 명절	김은의	좋은책어린이
	숨쉬는 항아리	정병락	보림
	장님과 앉은뱅이	김진락	조선소리봄인성연 구소
	여우 씨의 새 집 만들기	정진호	위즈덤하우스
	내가 도와 줄게	수목	사파리

	도서명	저자	출판사
1-1 탐험	이게 정말 사과일까?	요시타케 신스케	주니어김영사
	구름 공항	데이비드 위즈너	시공주니어
	달 체험학습 가는날	존헤어	행복한그림책
	캡틴 쿠스토	제니퍼 번	문학동네
	너는 탐험가야	샤르자드 샤르여디	꼬마이실
	탐험가의 시계	임제다	한겨레아이들
	바다 생물	위트 퓌르,라울소테	삼성당아이
	사삭사삭 땅속으로 들어가 봐요	김순한	대교북스주니어
	기림과 바다	박영주	아띠봄
	외계인 친구 도감	노부미	위즈덤하우스
	색을 상상해 볼래?	디토리	북극곰
	고래 빙수	문채빈	미래엔아이세움
	여름빛	문지나	사계절
	여름맛	천미진	발견
	벚꽃 팝콘	백유연	웅진주니어
	멋진 기막히게 멋진 여행	마티스더 레이우	그림책공작소
	다시 빨강 책	바바라 라만	북극곰

1-1 탐험	미로 비행	알렉산드리아 아르키모프스카	보림
	빛을 찾아서	박현민	달그림
	고래를 삼킨 바다 쓰레기	유다정	와이즈만
	바다 체험 학습 가는 날	존헤어	행복한그림책
	괴물들이 사는 나라	모리스 샌닥	시공주니어

1-2 하루	도서명	저자	출판사
	오늘 하루 이렇게	손인화	더큰
	너의 하루가 궁금해	리처드 존스	웅진주니어
	이 직업의 하루가 궁금해	이랑	더숲
	쿵쿵이의 대단한 습관이야기	허은미	풀빛
	나쁜 씨앗	조리 존	길벗어린이
	다같이 돌자 직업 한바퀴	이명랑	주니어김영사

1-2 약속	도서명	저자	출판사
	너는 특별하단다	맥스루키이도	고슴도치
	네가 있어 난 행복해	로렌츠 파울리	비룡소
	존중씨는 따뜻해	김성은	책읽는곰
	배려하면서 할 말은 하는 친구가 되고 싶어	김시은	파스텔하우스
	쿵쿵이는 몰랐던 이상한 편견이야기	허은실	풀빛
	그래서 모든게 달라졌어요	올리버제퍼슨	주니어김영사
	환경을 지키는 지속가능한 패션 이야기	박선희	팜파스
	고래가 삼킨 플라스틱	김남길	풀과바람
	쓰레기는 쓰레기가 아니다	게르다 라이트	위즈덤하우스
	쓰레기의 행복한 여행	제라르베르톨리니	사계절
	미래를 위한 따뜻한 실천 업사이클링	박선희	팜파스

	도서명	저자	출판사
	달 샤벳트	백희나	책읽는곰
	왜냐면	안녕달	책읽는곰
	겨울 이불	안녕달	창비
	고양이는 다 알아?	브렌던 웬젤	올리
	할머니의 여름 휴가	안녕달	창비
	눈 아이	안녕달	창비
	엄마가 커졌어요!	브리키데 쉐르	꿈터
	커다란 수박의 비밀	다린	꿈터
	우당탕탕 할머니 귀가 커졌어요	카타리나 소브럴	살림어린이
	케이크가 커졌어요!	구도 노리코	책읽는곰
	커다란 당근의 비밀	다린	꿈터
1-2 상상	난 커다란 털북숭이 곰이다	야노쉬	시공주니어
	내 멋대로 반려동물 뽑기	최은옥	주니어김영사
	강아지와 염소 새끼	권정생	창비
	공룡 아빠	김완진	어린이작가정신
	공룡이 공짜	엘리스 브로우치	한림출판사
	100개의 달과 아기 공룡	이덕화	위즈덤하우스
	빗방울을 타고	이정모	Bedside Story
	세상을 움직인 동그라미	최연숙	창비
	동그라미	맥 바넷	시공주니어
	위를 봐요	정진호	현암주니어
	반이나 차 있을까? 반 밖에 없을까?	이보나 흐미엘레프스카	논장
	여름이 온다	이수지	비룡소

1-2 상상	아무도 듣지 않는 바이올린	캐시 스틴슨	책과콩나무
	모양나라 여왕의 생일잔치	이송은	국민서관
	나 꽃으로 태어났어	엠마 줄리아니	비룡소
	행복한 네모 이야기	마이클 홀	상상박스
	맛있는 동그라미	이송은	동화가있는집
	여왕의 그림자	시벨레 영	와이즈만북스
	혀는 맛만 볼까?	백명식	내인생의책
	이건 상자가 아니다	앙트아네트 포스티	베틀북

	도서명	저자	출판사
1-2 이야기	눈보라	김경수	비룡소
	돌멩이 국	존 j. 무스	달리
	오싹 오싹 팬티	에런 레이놀즈	토토북
	방귀쟁이 며느리	신세정	사계절
	깜박깜박 도깨비	권문희	사계절
	줄줄이 꿴 호랑이	권문희	사계절
	커다란 순무	김영미	하루놀
	거짓말 장이 뽕뽕, 고무장갑	유설화	책읽는곰
	친구를 모두 잃어버리는 방법	낸시 칼슨	보물창고
	비밀친구	무아	책고래
	소원은 두 번 빌면 안 되나요?	김미경	아롬주니어
	사소한 소원만 들어주는 두꺼비	전금자	비룡소
	소원들	므언티반	보물창고
	소원들어 주는 호랑이 바위	한미호	국민서관
	두더지의 소원	김상근	사계절
	아주 무서운 날	탕무뉴	찰리북

통합 교과는 체험 활동으로 완성 됩니다

초등학교 1~2학년 통합 교과 내용은 체험 활동 위주로 되어 있습니다. 교실에서 할 수 있는 체험 활동은 제한적일 수밖에 없어서 가정에서 오감을 활용한 다양한 체험 활동 기회가 마련 된다면 완전 학습이 이루어질 수 있습니다. 마무리로 활동을 통해 얻은 지식이나 정보를 정리하는 시간을 가지는 것도 좋습니다. 박물관이나 체험관에 갔다면 자료를 잘 챙겨와서 도화지에 붙이고 새로 알게 된 점과 느낀 점을 간략하게 적으면 훌륭한 마무리가 됩니다.

일상생활에서 다양한 방법으로 표현의 기회를 가집니다

즐거운 생활은 음악, 미술, 체육과 교과와 관련되어 있지만, 학교 공부를 위해서 피아노, 발레, 태권도, 그리기처럼 개별 기능을 익히는데 부담을 가질 필요는 없습니다. 아이의 발달과 관심에 따라 방과 후 활동이나 학원 교육을 통해 음악, 미술, 체육 관련된 활동을 즐겁게 할 수 있도록 연결해 주시면 됩니다. 더불어 일상생활 속에서 세심하게 관찰하고 느낀 점을 노래 부르기, 그리기, 신체 활동 들을 통해 다양하게 표현하는 기회를 가지면 됩니다.

알아두세요!

통합 교과 관련 추천 체험학습

장소	활동 내용
교통 박물관	교통 신호 및 규칙 알아보기
지역도서관	책 대여 및 도서관 시설 알아보기 도서관 프로그램 참여 활동
김치박물관	김치의 종류 만드는 법 체험해 보기
국립 수목원 각 지역 생태공원	봄맞이 가서 눈감고 봄 내음 맡아보기 나무를 껴안고 느껴보기
동네 텃밭	크고 작은 씨앗을 관찰하고 생명의 소중함 알기 개인 화분에 식물 기르고 관찰 학습
친척 집 (결혼식, 생일 축하) 추석, 설 명절 가까운 가족 만나기	친척 명칭 확인, 가훈 만들고 꾸미기 효도 쿠폰 만들어 선물하기 다양한 소를 넣어 송편 만들어 보기 추석날 달맞이하면서 소원 빌기 세배하고 덕담 나누기 명절에 맞는 민속놀이 하기
수도 사업소	수돗물이 우리 집까지 오는 과정 알아보기
과천 국립 과학관	과학관 견학 체험 참여하기
국립현충원	나라를 위해 몸을 바친 호국영령들께 감사하는 마음 갖기
전기 박물관 물놀이장	전기의 원리와 절약 방법 알아보기 얼음으로 빙수 만들어 보기 물놀이 도구 및 안전 수칙 알아보기
국립 민속 박물관, 민속촌	전통가옥의 모습 전통 생활 모습 전통 혼례 등 조상들이 살아온 모습 살펴보기
알뜰시장 참여 동네 주변 시장 가보기	이웃 사람들이 살아가는 모습 담기 가게, 직업 조사해 보기

곤충 채집	잠자리. 매미 등을 관찰하고 책 읽고 마인드맵 해 보기
대한민국역사박물관, 경복궁, 도자기 박물관, 국립중앙박물관, 한옥박물관,	우리나라 상징과 문화 찾아보기 궁궐 견학 및 의미 알아보기 한옥의 구조 및 전통 놀이 해 보기
임진각	분단의 모습 살피기
위인의 생가	위인전 읽고 활동 조사
전통 놀이	연 만들어 날리기, 팽이치기, 윷놀이하기
극장, 영화관, 음악당 등 다양한 공연 전시장	가족과 함께 문화예술 공연 관람 공연을 보기 전 사전 조사 관람 후 느낀 점 나누기
미술관	미술작품 감상 및 프로그램 소개 책자나 안내 자료를 가지고 꾸미기 활동 작가의 전기 읽기
불우 이웃 돕기 행사장	용돈을 모아 불우이웃돕기 참여 구세군 자선냄비 참여하기 연탄 나르기 봉사 체험

평가

성실한 아이는 수행평가 결과도 좋습니다.

초등학교는 교과 학습활동 위주로 수업이 진행되고 그 결과를 평가합니다. 예전에는 중간고사, 기말고사 같은 정기적인 지필고사를 통해 학업성취도를 평가했으나 요즘은 수시로 평가가 이루어지고 지필평가와 함께 수행평가가 중요해졌습니다. 수행평가 방법으로는 서술형, 논술형 검사, 구술시험, 관찰, 자기평가보고서, 포트폴리오 들이 있습니다.

1학년 학생 평가는 수업 시간 과정과 활동을 연결하는 수행평가, 특히 관찰 평가가 주를 이룹니다. 관찰 평가는 학생들의 학습과제와 결과를 직접 관찰하고 그 결과를 판단하는 평가 방법입니다. 수행평가를 위해 가정에서 부모님이 따로 공부를 시키거나 준비할 필요는 없습니다. 아이가 바른 태도로 수업 활동에 성실하게 참여하고 최선을 다해 과제를 수행하면

1학년 교과별 과정중심 평가 계획서

<2학기>

1) 국어

월/주	영역/단원	성취기준	평가내용	평가방법
9월/2주	문학/ 2. 소리와 모양을 흉내 내요	[2국05-03] 여러 가지 말놀이를 통해 말의 재미를 느낀다.	그림에 어울리는 흉내 내는 말을 찾고 여러 가지 받침이 들어가게 문장 만들기	자기평가 서술평가
9월/4주	문법/ 3. 문장으로 표현해요	[2국04-03] 문장에 따라 알맞은 문장 부호를 사용한다.	10~12개의 빈 칸에 알맞은 문장 부호를 찾아 쓰기	자기평가 서술평가
10월/3주	듣기·말하기/ 4. 바른 자세로 말해요	[2국01-04] 듣는 이를 바라보며 바른 자세로 자신 있게 말한다.	듣는 사람을 바라보며 잘하는 것과 자신의 꿈에 대해 자신 있게 말하기	구술발표 자기평가 관찰평가
11월/1주	읽기/ 5. 알맞은 목소리로 읽어요	[2국02-01] 글자, 낱말, 문장을 소리 내어 읽는다.	목소리 크기와 말의 빠르기를 알맞게 하고 역할에 맞는 실감나는 목소리로 이야기를 읽기	구술발표 자기평가 관찰평가
12월/3주	쓰기/ 9. 겪은 일을 글로 써요	[2국03-04] 인상 깊었던 일이나 겪은 일에 대한 생각이나 느낌을 쓴다.	겪은 일과 생각이나 느낌이 잘 드러나게 일기 쓰기	자기평가 서술평가
고려 사항	· 형성 평가는 교수학습 과정에서 학생 학습 특성에 대한 점검 및 피드백이 필요한 경우 수시로 추가하여 실시할 수 있음.			

2) 수학

월/주	영역/단원	성취기준	평가내용	평가방법
10월/ 1주	수와 연산 1/ 2. 덧셈과 뺄셈(1)	[2수01-06] 두 자리 수의 범위에서 덧셈과 뺄셈의 계산 원리를 이해하고 그 계산을 할 수 있다.	두 자리 수의 범위에서 덧셈과 뺄셈의 계산 원리를 이해하고 여러 가지 문제를 해결하기	서술평가
10월/ 4주	도형/ 3. 여러 가지 모양	[2수02-03] 교실 및 생활 주변에서 여러 가지 물건을 관찰하여 삼각형, 사각형, 원을 찾고, 그것들을 이용하여 여러 가지 모양을 꾸밀 수 있다.	교실 및 생활 주변에서 여러 가지 물건을 관찰하여 삼각형, 사각형, 원의 모양을 찾고, 그것들을 이용하여 여러 가지 모양을 꾸미기	작품평가 상호평가
11월/ 4주	측정/ 5. 시계 보기와 규칙 찾기	[2수03-02] 시계를 보고 시각을 '몇 시 몇 분'까지 읽을 수 있다.	시계를 보고 몇 시, 몇 시 30분을 말하기	구술평가
12월/ 1주	규칙성/ 5. 시계 보기와 규칙 찾기	[2수04-01] 물체, 무늬, 수의 배열에서 규칙을 찾아 여러 가지 방법으로 나타낼 수 있다.	물체, 무늬, 수 등의 배열에서 규칙을 찾아 여러 가지 방법으로 나타내기	작품평가 상호평가
고려 사항	· 형성 평가는 교수학습 과정에서 학생 학습 특성에 대한 점검 및 피드백이 필요한 경우 수시로 추가하여 실시할 수 있음.			

3) 바른생활

월/주	영역/단원	성취기준	평가내용	평가방법
9월/2주	마을/ 1. 내 이웃 이야기	[2바05-01] 공공장소의 올바른 이용과 시설물을 바르게 사용하는 습관을 기른다.	공공장소의 올바른 이용 방법을 3가지 정도 알고 바르게 사용하기	자기평가 관찰평가
11월/4주	우리나라/ 1. 여기는 우리나라	[2바07-01] 우리와 북한이 같은 민족임을 알고, 통일 의지를 다진다.	북한과 통일이 되면 할 수 있는 일 3가지 이상 말하기	구술평가 관찰평가

월/주	영역/단원	성취기준	평가내용	평가방법
고려 사항		· 형성 평가는 교수학습 과정에서 학생 학습 특성에 대한 점검 및 피드백이 필요한 경우 수시로 추가하여 실시할 수 있음.		

4) 슬기로운 생활

월/주	영역/단원	성취기준	평가내용	평가방법
9월/1주	마을/ 1. 내 이웃 이야기	[2슬05-02] 이웃과 함께 쓰는 장소와 시설물의 종류와 쓰임 을 탐색한다.	이웃과 함께 쓰는 장소를 3개 이상 알고 함께 할 수 있는 일도 발표하 기	구술평가 관찰평가
10월/2주	가을/ 2. 현규의 추석	[2슬06-03] 추석에 대해 알아 보고 다른 세시 풍속과 비교 한다.	추석에 대해 알게 된 점 및 다른 세시 풍속과 비교하는 책 만들기	작품평가 관찰평가
12월/2주	겨울/ 2. 우리의 겨울	[2슬08-02] 겨울철에 쓰이는 생활 도구의 종류와 쓰임을 조사한다.	겨울철에 쓰이는 생활 도구의 종류 와 쓰임을 조사하기	작품평가 관찰평가
고려 사항		· 형성 평가는 교수학습 과정에서 학생 학습 특성에 대한 점검 및 피드백이 필요한 경우 수시로 추가하여 실시할 수 있음.		

4) 즐거운 생활

월/주	영역/단원	성취기준	평가내용	평가방법
10월/4주	가을/ 2. 현규의 추석	[2즐06-03] 여러 가지 민속놀 이를 한다.	놀이의 규칙을 잘 지켜서 투호놀이 에 즐겁게 참여하기	관찰평가
11월/2주	나라/ 1. 여기는 우리 나라	[2즐07-01] 우리나라의 상징 을 여러 가지 방법으로 표현 한다.	우리나라의 상징과 문화를 정리하 여 책 만들기	작품평가 관찰평가
12월/3주	겨울/ 2. 우리의 겨울	[2즐08-01] 겨울의 모습과 느 낌을 창의적으로 표현한다.	겨울의 모습과 느낌을 창의적으로 표현하기	작품평가 관찰평가
고려 사항		· 형성 평가는 교수학습 과정에서 학생 학습 특성에 대한 점검 및 피드백이 필요한 경우 수시로 추가하여 실시할 수 있음.		

좋은 결과를 얻을 수 있습니다. 1학년 수행평가 계획은 학기 초 배부되는 가정통신문 안내를 참고하시면 됩니다.

수행평가 말고도 수시평가가 있으며, 담임 선생님이 단원이 끝나면 수시평가 차원에서 단원평가를 보기도 합니다. 아이들이 공부한 내용을 얼

1-2 국어	알맞은 문장 부호 사용하기
	이름

활동 과제

1. 굵은 칸 안에 알맞은 문장부호를 보기에서 골라 넣어 문장을 완성해 봅시다.<국어책 66, 67쪽>

보기: ' ' " " . , ! ?

	마	술	사	가		공	연	을		시	작	했
습	니	다										
			어	떤		마	술	을		보	여	줄
	까											
		우	리	는		마	음		속	으	로	궁
금	했	습	니	다								
			여	러	분		모	두		여	기	를
보	세	요	.									
			모	자		속	에		무	엇	이	들
	어		있	을	까	요						
		마	술	사	의		한	마	디	에		모	두
숨	죽	여		기	다	렸	습	니	다			
	평											
		토	끼	가		나	왔	네	요			
	우	리	는		모	두		박	수	를		쳤
습	니	다										

마나 이해했는지 알기 위한 시험으로 오답을 확인하고 아이의 이해 수준을 확인하는 데 도움이 됩니다.

성적표와 학교생활기록부

1학년 1학기 성적표에는 행동발달 상황과 교과 성취도가 안내됩니다. 수행평가 성취기준에 따라 '매우 잘함', '잘함', '보통', '노력요함'의 4단계나 '잘함', '보통', '노력 요함' 3단계로 성취도가 표시되는데 학교에 따라서는 교과에 대한 특이한 사항을 교과 발달 상황에 기록하기도 합니다. 부모님은 교과 성취도를 살펴보시고 내 아이가 어느 부분이 우수하고 어느 교과가 부족한지 살펴서 방학 동안 보충하고 복습할 수 있도록 합니다.

2학기에는 학교생활기록부에 교과 학습 발달 상황, 출결 상황, 수상 경력, 창의적 체험 활동 상황, 봉사활동 실적, 아이의 행동 특성과 종합의견이 기록됩니다. 그 외에도 전염병 예방접종 유무, 건강검진 현황, 건강기록부 항목도 추가됩니다. 학교생활기록부는 학생의 총체적 기록물로 평생 따라다니는 문서입니다. 가정에는 배부되지 않지만, 부모님께서 어떤 내용이 기록되어 있는지 살펴봐야 합니다. 학기가 끝나면 '나이스'라는 '교육 행정정보시스템'을 통해 전용 인증서를 발급받고, 담임교사의 확인 승인을 거쳐 학부모님도 열람할 수 있습니다.

아동 성격 유형별 학습지도 방법

하브루타 전문가 김금선 소장은 하브루타 교육법에서 네 가지 성격유형에 따른 교육법을 소개하고 있습니다.

행동형

남자아이들이 이 유형에 많이 속하는데 활동성이 강하고 활달하고 거침이 없으며 두뇌 회전이 빠르며 순발력이 뛰어납니다. 의리를 중시하며 직설적인 말을 잘합니다. 어찌 보면 천방지축, 엉덩이가 가벼워서 학습에 집중하기 어려울 때가 많지만 한 가지에 마음이 꽂히면 집중적으로 파고듭니다. 초등학교 때는 어느 정도의 학업 성취를 이루더라도 꾸준히 공부하는 습관이 들지 않아서 상급학교에 진학하면 성적이 뚝 떨어질 수 있습니다. 행동이 다소 거칠고 참지 못하기 때문에 친구들과 사소한 다툼을 벌이기도 합니다. 이런 아이는 부모님이 차분히 다독거리고 공감해 주면서 바람직한 행동으로 이끌고 가야 합니다. 활동성이 많아 가만히 앉아 공부하는 것이 어렵지만 날마다 조금씩이라도 정해진 시간에 공부하고 복습하도록 습관을 들이면 최대 약점인 성실성이 보완되어 학습에 도움이 되는 유형으로 공부하고 놀기보다는 실컷 놀고 와서 공부하는 것이 훨씬 효율적입니다.

규범형

칭찬을 많이 받는 모범 학생 유형으로 순종적이고 책임감 강하며 성실하고 규칙과 원칙을 중시합니다. 한 가지씩 차근차근 꾸준히 문제를 해결하고 쉽게 이해되지 않는 것을 그냥 넘어가지 못하는 특징이 있습니다. 아이 스스로 이해하고 관찰하고 분석하는 시간이 필요해서 무조건 진도를 나가는 학습형태는 이 유형의 아이에게 맞지 않습니다. 높은 목표를 설정하고 꾸준히 노력하기 때문에 학년이 올라갈수록 높은 학업 성취를 이룹니다. 다만 뭔가 결정할 때 걱정이 많다든지, 혼자 결정하기 힘들어하고 누군가 무심코 던진 말 한마디에 괴로워하거나 상처를 받기도 합니다. 이 유형의 아이들이 무엇을 하겠다고 하면 "뭘 그런 걸 하려고 하니?" 하기보다는 "좋은 생각이구나. 해 봐라"라고 격려해 주어야 합니다. 이 유형의 아이가 무엇인가 해보겠다고 말했다는 것은 이미 스스로 꽤 심사숙고했다는 말이고 그것을 말하는 위해서도 큰 용기를 낸 것이기 때문입니다. 자신에 대한 잣대가 엄격해서 완벽하게 결과가 나오지 않으면 좌절하기 때문에 과정에 초점을 맞추어 칭찬을 많이 해 주어야 합니다.

탐구형

탐구형은 호기심이 많고 분석적이며 논리적입니다. 한번 호기심이 생기면 주변의 상황이 보이지 않고 자신이 좋아하는 것만 생각하기 때문에 수업 중에도 다른 생각을 하다가 지적을 당하곤 합니다. 자기가 좋아하는 것에 대한 만족도가 높아서 친구들에게 다소 무관심하고 설령 친구가 놀아주지 않아도 별로 속상해하지 않습니다. 이런 유형의 아이가 집이나 도서관에서 주로 시간을 보내고 있다면 다른 여러 분야에 대한 이해를 돕고 친구들과 협력하고 어울릴 수 있도록 여럿이 함께 다양한 체험학습을 하러 다녀도 좋을 것입니다. 다른 사람과 교류하고 소통하는 법을 배울 수 있기 때문입니다. 한번 몰입하면 깊게 빠지는 유형이라 부모님은 아이가 나쁜 것에 빠지지 않도록 관심을 가지고 지켜보아야 합니다.

관계형

관계형은 인간관계가 가장 중요한 아이로 온통 머릿속이 다른 사람에 관한 생각으로 가득 차 있습니다. 인간관계를 중시하고 서로 밀착되어 있어야 정서적으로 안정이 되는 유형입니다. 다른 사람에게 헌신적이고 배려를 잘하는 것이 장점이나 자기가 원하는 대로 다른 사람이 따라와 주지 않으면 고민하면서 매달리는 유형입니다. 부모님께서는 아이의 특성을 이해하고 친구 관계를 신경 써 주어야 합니다. 관계가 깨지면 절망감을 느껴서 힘들어지고 학교도 거부할 수도 있습니다. 정작 자신의 의견을 잘 말하지 못하고 다른 사람에게 끌려다니기도 하므로 항상 아이가 자신감을 가질 수 있도록 칭찬과 격려를 해 주어야 합니다. 아이가 인간관계 외에 다른 것에도 흥미를 갖도록 다양한 경험의 기회를 제공해 주는 것이 좋습니다.

4장

선생님
궁금해요

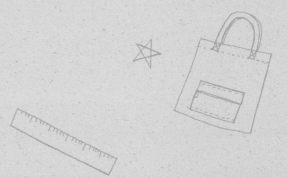

학교생활 사례별
Q&A

Q. 짝꿍은 어떻게 정하나요?

A. 학급에서는 한 달에 한 번 정도 짝을 바꾸어 친구들과 잘 지내는 법을 익히는 기회로 삼고 있습니다. 짝을 바꿀 때는 원활한 학급운영을 위해 성별, 성격, 성적들을 고려합니다. 성격이 차분한 아이는 활동적인 아이와 함께, 학습에 도움이 필요한 아이는 도움을 줄 수 있는 아이와 짝을 하는 다양한 방법으로 친구와 어울릴 수 있게 합니다. 모든 아이가 만족하는 짝을 만나기는 어렵지만 주어진 환경에서 어떻게 하면 좀 더 잘 지낼 수 있을지 노력합니다.

짝이랑 잘 지내기 위해서는 짝이 좋아하는 것과 싫어하는 것을 알고 서로 배려해야 한다는 것을 미리 알려 줍니다. 짝이 수업 시간에 계속해서 말을 걸거나 함부로 자기 물건을 만진다며 짝을 바꿔 달라고 하는 경우가 있습니다. 혹시 아이가 짝에 대해 불만을 이야기하면 부모님은 먼저 어떤 상황인지 잘 들어 봅니다. 큰 문제가 아니라면 아이 스스로 짝에게 불편한 부분을 알리고 원하는 것을 제안해 보도록 권합니다. 하지만 수업에 지나치게 방해가 된다거나 폭력 같은 심각한 문제가 있다면 담임 선생님께 도움을 청합니다.

Q. 입학 뒤 유난히 긴장하고 불안해하는 아이

A. 새로운 환경을 만나면 대부분 긴장하기 마련입니다. 초등학교에 갓 입학한 아이 중에는 교실을 돌아다니거나 한 시간에 두세 번씩 화장실을 들락거리는 경우가 있습니다. 긴장 때문이지요. 하지만 3월이 지나고 4월 중순 정도 되면 정서적으로 안정되어 대부분 학교생활에 무리가 없습니다. 아이가 지나치게 소심하고 불안해한다면 미리 아이가 경험할 상황을 미리 체험해 보는 것이 좋습니다. 입학 전 2월에 아이 손을 잡고 학교에 가서 운동장과 교실을 둘러보며 아이가 공부할 낯선 공간을 익숙하게 만들어 주고, 학교에 대해 기대감을 갖도록 해 줍니다. 선생님은 언제든지 도움을 요청하면 도와준다는 것을 부모님이 긍정적으로 표현해야 아이도 안심할 수 있습니다.

아이의 등교 거부가 심하면 부모님 혼자 해결하려고 하지 말고 담임 선생님께 빨리 도움을 청하는 것이 좋습니다. 분리불안이 심한 아이는 교실문 앞에서 헤어지기, 교문에서 헤어지기, 집 현관 앞에서 헤어지기를 단계별로 정해 등교 지도를 합니다. 불안이 아주 심한 경우엔 아이가 학교에 머무는 시간을 조금씩 늘려가는 것도 좋은 방법입니다. 처음에는 한 시간만 학교에 있다가 하교하고 익숙해지면 두 시간, 세 시간 이렇게 아이의 적응 정도에 따라 부모와 떨어지는 연습을 합니다.

Q. 화장실에 자주 가는 아이, 배가 자주 아픈 아이

A. 화장실에 자주 가거나 배가 자주 아픈 것은 심리적인 요인으로 몸에서 나타나는 반응입니다. 입학해서 학교생활을 하는 것이 아이들에게는 그만큼 힘들고 긴장도가 높다는 뜻입니다. 1학년은 쉬는 시간이 아니어도 화장실에 갈 수 있으니 걱정하지 말라고 안심시켜 줍니다. 한두 달 정도 지나고 학교생활에 적응되면 대개 이런 증상은 사라지지만 심한 경우 담임 선생님께 도움을 청할 수 있습니다. 선생님이 관심 있게 지켜보고 손을 잡아 준다거나 작은 것이라도 칭찬하면 점차 친숙함을 느끼고 아이 마음이 편안해집니다. 입학 뒤 한두 달은 집에 오면 충분히 휴식을 취하고 학교생활에 힘든 점이 없는지 아이와 충분히 대화를 합니다. 만약 정서적인 어려움이 있다면 안정을 위해 가정에서도 최선을 다해야 합니다.

Q. 과제를 제시간에 다하지 못해요

A. 아이가 주어진 시간에 과제를 해결하지 못하는 원인은 여러 가지입니다. 첫째는 무엇을 어떻게 해야 하는 건지 이해하지 못했거나 알아도 어려워서 제대로 할 수 없는 경우입니다. 그림 그리기를 특별히 힘들어하는 아이도 있고 가위 같은 도구 사용이 어려워서 쩔쩔매고 있는 아이도

있습니다. 이런 경우 담임 선생님은 아이에게 보충 설명을 해 주거나 과제를 아이 수준에 맞게 조절해 지도합니다. 가정에서는 아이에게 부족한 부분을 보완할 수 있도록 연습하는 시간을 가져야 합니다. 그림 그리기가 어려운 아이는 간단한 그림을 보고 그리는 활동을 하고, 도구를 쓰는 게 힘든 아이는 가위 연습이나 색종이 접기 같은 손 근육을 사용할 수 있는 활동을 해 보면 좋습니다. 혹시 학교에서 마무리가 안 된 과제를 집으로 들고 가더라도 부모님께서 대신해 주는 것은 금물입니다.

둘째는 주의가 산만하거나 집중하지 못해 과제를 다하지 못한 경우입니다. 이때는 학교에 남아서 마무리하게 하는 것이 좋습니다. 다음에 학교에 남지 않기 위해서라도 시간 안에 과제를 해결하기 위해 애쓰기 때문입니다. 요즈음은 하교 시간에 맞춰 부모님이 아이를 데리러 오거나 학원이나 방과 후 수업이 있어서 이렇게 지도 하는 것이 힘들어졌습니다. 담임 선생님이 수업이 끝난 뒤 과제를 마무리하도록 교실에 남겨도 되는지 알림장을 통해 물어볼 때 찬성 의사 표시를 해 주시면 제시간에 할 일을 마치는 지도를 할 수 있습니다.

셋째는 지나치게 꼼꼼하다 보니 마무리가 어려운 경우입니다. 꼼꼼하면 보통 완성도가 높아서 나무랄 일은 아닙니다. 아이가 과제를 집으로 가져가면 잘 마무리해서 다음 날 선생님께 검사를 받도록 합니다. 성격이 꼼꼼해서 느린 아이들은 학년이 올라가면서 속도감이 생기기 때문에 크게 문제 될 것이 없습니다.

마지막으로 생각을 너무 오래 하느라 과제를 제시간에 못 하는 경우입니다. 이런 아이에게는 너무 완벽하지 않아도 된다고 하고 떠오르는 대로 일단 시작해 보라고 합니다. 그리고 더 하고 싶으면 집에 가서 하도록 합니다.

Q. 책읽기를 싫어하는 아이, 어떻게 해야 할까요?

A. 학교에서 보면 책읽기를 싫어하는 아이들도 책을 읽어 주면 재미있어 합니다. 아이에게 혼자 책을 읽으라고 강요하기보다는 아이를 품에 안고 날마다 책을 읽어 줍니다. 부모님 목소리는 책과 친해질 수 있는 가장 강력한 매개체입니다. 아이 수준에 맞는 책을 골라 실감 나게 읽어 주면 아이는 책 내용에 집중하게 됩니다. 그다음에는 아이와 한 줄 한 줄 번갈아 가며 읽습니다. 또 책을 읽어 주다가 재미있는 부분이 나오면 "오늘은 여기까지!" 하고 읽기를 멈춥니다. 그러면 아이는 재미있는 부분이 궁금해서 책을 읽으려고 합니다. 부모님이 읽어 준 책을 혼자 큰소리로 읽어 보게 하는 것도 좋습니다.

읽어도 내용이 잘 이해되지 않으면 책읽기가 싫어집니다. 책읽기를 할 때는 여러 권 읽기보다는 한 권을 여러 번 읽는 게 더 좋습니다. 그럼 책의 재미를 훨씬 더 느낄 수 있고 독해 능력도 자연스럽게 길러집니다. 처음에는 10분만 읽어도 좋습니다. 중요한 것은 날마다 밥 먹듯이 책을 읽는 것입니다. 시간은 자연스럽게 점점 늘려가면 됩니다.

Q. 수업 시간에 산만하다고 주의를 받아요

A. 자꾸 자리에서 일어나고, 수업 시간에 필요 없는 물건을 만지거나 입으로 이상한 소리를 내고, 앞뒤 친구들이랑 장난치고 얘기하느라 정신이 없고, 친구를 건드려서 사소한 다툼을 일으키는 이런 산만한 행동에는 여러 가지가 있습니다. 아이가 산만해지지 않기 위해서는 먼저 학교에 필요 없는 물건이나 장난감을 가져오지 않습니다. 책상 속에 두고 수시로 꺼내 만지고 놀면서 공부에 집중하지 못하기 때문입니다.

담임 선생님에게 아이가 지나치게 산만하다는 의견을 듣거나 정서행동특성검사에서 산만한 정도가 심하다고 나왔다면 원인을 찾고 해결하도록 노력해야 합니다. 부모님과 아이, 선생님 모두 노력을 기울였는데도 개선되지 않는다면 전문 기관에 가서 검사를 받는 게 좋습니다. 만약 ADHD(주의력결핍과잉행동장애)라면 아이가 노력해서 해결할 수 있는 문제가 아닙니다. 아이의 상태를 인정하지 않고 그대로 두면 학년이 올라갈수록 학교생활에 문제가 심해지고 자존감은 더 낮아집니다. 선생님께 검사를 권유받는다면 꼭 검사를 받아보기 바랍니다.

Q. 친구들이 놀리고 괴롭힐 때

A. 학교에서는 폭력 예방 교육을 시행하고 있지만 많은 아이가 함께 생활하다 보면 이런저런 일로 서로 부딪히는 경우가 생깁니다. 놀리거나 때렸다고 하는 경우가 대부분인데, 아이들은 신체적으로 상대하기 어려운 상대에게 놀리는 말로 맞서는 경우가 있습니다. 놀림을 받은 아이도 가만

히 있지 않으니까 싸움이 됩니다. 한 아이는 맞아서 울고 있고, 한 아이는 자꾸 놀려서 때린 거라 잘못이 없다고 할 때 선생님은 누가 시작했든 둘 다 잘못이 있다고 하고 양쪽을 다 지도합니다. 놀리는 정도가 심하고 반복되면 알림장을 통해 부모님께 아이의 행동을 알리고 개선되지 않으면 학교 차원에서 언어폭력으로 지도가 이루어집니다.

이름이나 외모를 갖고 놀림을 받을 때는 하지 말라고 분명하게 자기 의사를 표현해야 합니다. 그래도 놀림이 계속된다면 반드시 선생님께 도움을 청하도록 합니다. 놀림을 당했다고 화를 내거나 울면 오히려 더 놀릴 수 있습니다. 무시하듯 웃어넘기거나, 하지 말라고 단호하게 의사 표시를 해야 합니다. 1학년 아이들은 놀림을 당하면 대부분 울기만 하는데 싫다고 분명하게 말하는 연습을 합니다. "하지 마. 기분 나빠. 한 번 더 놀리면 선생님께 말씀드린다."

친구가 놀리거나 괴롭혔다고 하면 부모님은 우선 아이의 이야기를 충분히 들어 주고 안아 줍니다. 그냥 참으라고 하든가, 엄마가 가서 혼내 준다고 하기 보다는 담임 선생님께 상담을 요청해야 합니다. 간혹 아이들은 자신이 잘못한 부분은 빼고 전하기 때문에 담임 선생님을 통해 정확한 상황을 파악하는 것이 우선입니다. 가벼운 사안이라면 담임 선생님의 지도를 통해서 해결되도록 하고, 여전히 문제가 반복된다면 공식 기구인 학교폭력 자치위원회 개최를 원한다는 의사를 표시하시면 됩니다.

Q. 우리 아이가 친구를 때리거나 괴롭혔을 때

A. 담임 선생님이 문제 상황을 파악하고 내 아이의 잘못된 행동에 대해 알려 왔다면 경중을 따지기 전에 피해 학생과 피해 부모님에게 사과해야 합니다. 부모님의 사과를 지켜보는 아이는 자신의 잘못된 행동을 깨닫고 반성할 것입니다. 아이 말만 듣고 옹호하면 아이는 자기가 한 행동에 대해 반성할 기회를 놓치게 됩니다. 학년이 올라갈수록 행동 수위는 높아지고 부모님이나 선생님은 더욱 지도하기 어려운 아이로 변해 갈 수도 있습니다.

예전에 사소한 폭력이라고 넘겼던 일들이 요즈음은 학교 폭력으로 엄격하게 다루어지고, 학교폭력위원회를 거쳐 소송까지 가는 사례도 있습니다. 중요한 것은 친구들 사이에 폭력이 일어나지 않도록 미리 예방하는 것입니다. 내가 소중한 만큼 다른 사람도 소중하다는 것을 알고 상대방을 배려하고 존중하는 태도를 갖도록 합니다. 평소 가정에서 부모님이 자녀를 존중하는 태도를 보인다면 아이도 다른 친구들을 존중하는 마음을 갖게 될 것입니다.

Q. 친구랑 잘 어울리지 못해요

A. 내성적이거나 사회성이 부족해서 친구들과 어울리지 않고 혼자 있는 아이들이 있습니다. 가능하면 친구들과 잘 지내고 학교생활이 활기차도록 부모님께서 1학년 때부터 신경을 써야 합니다. 많은 친구를 사귀겠다는 부담을 내려놓고, 처음에는 한두 명과 어울릴 기회를 만들고 친해지

도록 노력합니다.

친구를 사귀는 데 어려움이 있는 아이는 '친구 이름 적어오기'를 도전해 보는 것도 좋습니다. 마음에 드는 친구가 있으면 다가가 이름을 알려달라고 하는 것입니다. 주말에는 친구를 초대하거나 영화관이나 박물관 같은 곳으로 함께 체험학습을 하러 가자고 제안해 볼 수도 있습니다. 생일 파티를 열어 친구들과 어울릴 수 있는 시간을 마련하는 것도 좋은 방법입니다. 선생님에게 도움을 요청하면 여러 가지를 고려해 성향이 비슷한 짝꿍을 만들어 주기도 합니다.

무엇보다 아이가 친구에게 마음을 적극적으로 표현하도록 격려해 줍니다. 그리고 좋은 친구를 기다리기보다는 좋은 친구가 되어 보라고 말해 줍니다. 베푸는 마음은 친구를 사귀는 데 밑바탕이 됩니다. 형제가 적거나 외동아이로 자라다 보면 뭔가 나누고 양보할 일이 별로 없습니다. 학교에서 필요한 물건이 있으면 여분을 챙겨서 먼저 나누어 주는 것도 친구와 잘 지내는 데 도움이 됩니다.

Q. 체육 시간에는 어떤 옷을 입어야 하나요?

A. 1학년 교육과정에는 체육 시간이 따로 없습니다. 대신 통합 교과 수업에 신체 활동이 시간이 있습니다. 학교에는 늘 활동하기 편한 옷을 입고 다니는 것이 좋습니다. 또 신발이 불편하면 잘 뛰지 못하거나 뛰다가 넘어질 수 있으니 편한 운동화를 신도록 합니다. 여자아이도 되도록 편한 바지 차림이 좋습니다. 치마를 입더라도 레깅스나 바지를 속에 입으면 활

동할 때 편합니다.

Q. 학교 급식은 다 먹어야 하나요?

A. 학교에서 강제로 급식을 먹이지는 않습니다. 아이 수준에서 먹을 수 있는 만큼만 먹으면 되니 걱정하지 않아도 됩니다. 가정에서 할 수 있는 급식 연습으로는 숟가락, 젓가락 사용법 익히기, 음식을 골고루 조금이라도 먹어 보는 것이 있습니다. 아이들의 식습관을 살펴보면 김치를 먹지 않는 아이, 콩을 먹지 않는 아이, 매운 음식을 못 먹는 아이 아주 다양합니다. 신체 발달을 위해서는 어느 정도 먹어야 하는데 억지로 먹으면 나쁜 식습관이 생길 수 있어서 1학년 급식 지도는 쉽지 않습니다. 그러나 올바른 식습관을 위해 가정과 학교에서 모두 노력을 기울여야 합니다.

급식 때 식사 시간은 15분에서 20분 정도입니다. 편식이 심한 아이는 많은 양을 먹기보다는 자신이 정한 양은 다 먹도록 노력합니다. 가정에서도 식판이나 접시에 자신이 먹을 양을 떠서 다 먹도록 하면서 조금씩 식사량을 늘려가도록 합니다. 부모님과 함께 요리를 해 보는 것도 좋습니다. 직접 요리를 하다 보면 음식에 관심이 생기고 더 잘 먹습니다. 부모님과 아이가 함께 시장에 가서 여러 가지 음식 재료의 모양과 색을 살피고, 손으로 만져 보고 코로 냄새를 맡으면서 탐색도 해 봅니다.

Q. 아이가 비만이라 걱정이에요

A. 남자아이든 여자아이든 비만일 경우에는 학교생활에 소극적인 경향을 보입니다. 저학년 때는 생각 없이 지내다가 학년이 올라갈수록 아이들이 무심코 던진 말에도 상처받고 속상해합니다. 건강을 위해서는 물론이고 아이의 성격 형성을 위해서도 비만 관리를 꼭 해야 합니다. 외모에 크게 관심이 없던 남자아이도 비만이 심해지면 가슴이 나와서 고민하게 됩니다. 점점 행동은 소심해지고 뛰거나 운동하는 게 힘들어지면서 활동량도 줄어들기 때문에 비만이 더욱 심해질 수 있습니다.

밤 늦은 시간 간식을 피하고 배달 음식이나 즉석 음식보다는 집에서 온전히 조리한 음식을 먹는 것이 좋습니다. 비만이 내면적으로는 애정 결핍이라든가, 스트레스 때문에 생길 수도 있으니 아이의 정서 상태도 점검해봐야 합니다. 아이가 자신감을 잃지 않기 위해서라도 가벼운 산책이나 줄넘기처럼 날마다 꾸준히 운동하며 비만을 극복하기 위해 노력해야 합니다. 요즈음은 비만 때문에 소아 당뇨나 고혈압 같은 대사성 질환으로 고생하는 아이들도 늘어나고 있습니다. 어릴 때 건강은 어른이 되어서도 이어질 수 있으니 표준 체격에 따르는 몸무게를 유지하도록 노력하고 비만의 원인을 찾아서 식습관 개선과 운동에 노력을 기울여야 합니다.

Q. 방과 후 수업은 아이가 원하는 것을 다 신청해도 되나요?

A. 1학년 방과 후 수업은 학교 적응 정도를 살펴보고 아이가 힘들어 하지 않는 적당한 수준에서 신청을 합니다. 아이가 원한다고 해서, 또는 부

모님이 맞벌이라 무리하게 많은 수업을 듣게 하면 아이가 곧 지치게 됩니다. 학교에 입학하면 정규 수업 시간을 충실하게 보내는 것이 우선입니다. 방과 후 수업이나 학원 수업에 지쳐서 정작 교실에서 집중하지 못하는 아이를 보면 안타까운 마음이 듭니다. 먼저 학교 수업에 집중하고 여유 시간은 운동으로 체력을 기를 수 있는 활동과 책읽기를 기본으로 하는 것이 좋습니다.

Q. 방과 후 수업 신청은 어떻게 하나요?

A. 방과 후 수업은 3월부터 3개월마다 분기별로 신청하고 3개월분의 수강료와 재료비를 한꺼번에 스쿨뱅킹으로 납부합니다. 전학을 가거나 사정이 생겨 방과 후 수업을 분기 중간에 그만두게 되면 남은 기간 수강료를 환불받을 수 있습니다. 프로그램은 미술, 바둑, 과학, 영어, 주산, 운동, 악기 수업 들로 다양하게 개설되어 있어서 아이의 욕구에 맞게 배우고 익힐 수 있습니다. 학년 말 교육과정 평가 설문을 통해 수요 조사를 하고 희망하는 새로운 프로그램을 개설하기도 합니다. 효율적인 강좌 운영을 위해 1~2학년, 3~4학년, 5~6학년으로 묶고 수요가 많은 강좌는 A반, B반으로 분반하여 진행됩니다. 방과 후 수업은 전용 교실이 있기도 하지만 보통 수업이 끝난 교실에서 진행됩니다. 1학년 아이들은 방과 후 수업이 있는 교실을 스스로 찾아가야 하고 같은 반이 아닌 낯선 친구들과 수업을 들어야 하므로 정규 수업과 마찬가지로 방과 후 수업도 잘 적응하는지 살펴봐야 합니다. 요일별로 방과 후 수업 일정과 장소를 알림장에 적어서

방과 후 프로그램 예시

★ 20○○학년도 ○기 방과후학교 프로그램 안내 ★

1. 평일 방과후학교 프로그램

활동 부서		정원	16주 수강료 *교재비,재료비	요일	시 간	장소	강사명	교육활동 안내
통합 교과 논술	A (1~2학년)	16	112,500원	수	12:50~14:30	본관4층 방과후 교실3	○○○	"글 잘 쓰는 아이가 공부도 잘합니다" -꼼꼼한 대면 첨삭 지도로 논술 기초 다지기 -독서, 역사, 시사 등 다양한 접근 -A반 창의논술: 일기, 독후감 등 장르별 글쓰기를 쉽고 재미있게 익히는 시간 -B반 역사논술: 역사와 논술을 한 번에, 토론과 논술로 역사공부의 기초 쌓기
	B (3~6학년)	16			14:40~16:20			
농구	A (2~6학년)	16	120,000원	화	14:40~16:20	별관4층 강당	○○○	농구는 대표적인 실내스포츠로 점핑동작이 많아 성장판을 자극하여 골격근 증진과 신체발달(키크기)에 도움을 줍니다. 사회성발달, 협동심, 배려심을 키워줍니다. 여학생이나 저학년도 수업에 참여 가능!
로봇과 코딩	A	20	112,500원 *재료비 초급 86,000원 중급고급심화 81,000원 블루투스 96,000원	수	12:50~14:30	본관1층 건강실	○○○	-초급, 중급, 고급, 심화과정 -아이콘으로 쉽게 프로그램을 짜고 배들하며 배우는 지능형 로봇교육 -다양한 과제수행을 통해 과학적 문제해결능력 향상 -로보큰, 로봇챌린지, 로봇올림피아드 연계교육
	B	20			14:40~16:20			
바둑	A	20	116,250원 *교재비 20,000원	화 목	13:50~14:40	본관4층 방과후 교실3	○○○	-바둑기초부터 지도 -실전대국을 통해 기력향상 -창의성을 키우기 위한 다양한 문제풀이 -단계별 급수 바둑대회 참가
	B	20			14:45~15:35			
	C	20			15:40~16:30			
바이 올린	A	16	140,000원	화	13:50~15:30	별관1층 체육실3	○○○	-자신감을 가지고 즐겁게 연주할수있는 수업분위기 -일방적인 주입식 지도가 아닌 학생의 이해와 수준에 맞게 1:1 지도 -악보를 못 보는 학생도 스스로 읽고 연주할 수 있도록 수업 진행
배드민턴	A	16	96,000원	월	13:45~15:05	별관4층 강당	○○○	-배드민턴을 통한 체력향상 도모와 아이들의 건강한 사회성 향상 -수준에 맞는 체계적인 교육을 통해 보다 빠르고 효율적으로 기술을 습득
	B	16			15:10~16:30			
생명과학	A	16	120,000원 *재료비 64,000원	월	12:50~14:30	본관1층 건강실	○○○	-동물과학, 식물과학, 생활 속의 과학 분야를 다양한 프로그램을 통해 탐구, 실험을 합니다. -체험 학습을 통해 과학에 대한 흥미 유발 및 원리이해력과 학습 능력을 발달시킵니다. -생명체 수업을 통해 생명에 대한 존중을 배우는 인성교육이 이루어집니다.
	B	16			14:40~16:20			
실험과학	A (1~3학년)	20	96,000원 *재료비 64,000원	금	13:45~15:05	본관1층 과학실1	○○○	-딱딱하고 지루한 과학은 이제 안녕~ 빠르게 발전하는 친구들의 취향에 딱 맞는 체험위주 놀이과학 -기초과학도 튼튼히! 과학 원리를 생활과학으로 쉽게 이해하는 스팀융합교육으로 체계적 실험구성 - 오감발달, 창의력향상, 집중력증가, 눈높이교육
	B (1~6학년)	20			15:10~16:30			
우쿨렐레	A	12	140,000원 *우쿨렐레교재 초급 6,000원 중급10,000원	월	12:50~14:30	별관1층 체육실3	○○○	-전공 선생님의1대1일 개인레슨 -음악교과서의 노래를 미리 배워봄 -신나는 k-pop을 연주 -친구들과의 즐거운 합주 -기초악론부터 실기까지 꼼꼼한 기본기 -노래하며 배우는 즐거운 음악 수업 -클래식을 배워 중학교 수행평가준비
	B	12			14:40~16:20			
음악 줄넘기	C (1~2학년)	16	112,500원	수	12:50~14:30	본관4층 체육실2	○○○	-다양한 줄넘기 기술을 배우며 민첩성과 순발력을 기르는과 -배운 줄넘기 기술을 음악에 맞춰서 연습하여 리듬감이나 타이밍 감각을 기르는 데 효과 -줄넘기는 주로 앞꿈치로 뛰는 특수한 상하운동으로 발목, 종아리, 허벅지, 무릎을 자극하여 키성장 도움
	D (3~6학년)	16			14:40~16:20	본관4층 체육실1		
주산	A	20	84,000원 교재비 16,000원	목	13:45~15:05	본관4층 방과후 교실2	○○○	-주판으로 배우는 수학! -정통 주산으로 암산왕!! 수학왕!! 되기 -기초부터 수준별 단계별로 1:1 개인 지도식 교육 -암산은 물론 수학 능력이 놀랄 만큼 향상 -두뇌발달과 함께 집중력과 기억력 향상
	B	20			15:10~16:30			

활동 부서		정원	16주 수강료 *교재비,재료비	요일	시 간	장소	강사명	교육활동 안내
종이접기 클레이 & 토탈아트	A	16	120,000원 *재료비	월	12:50~14:30	본관4층 방과후 교실1	○○○	-천연제품 자격증 취득 -친환경 천연 아로마로 화장품. 립밤. 비누. 향초. 등을 만들어요 -창의적인 활동으로 사고력, 집중력 향상 -종이접기, 클레이, 비즈공예 작품 활동 -방향제, 가죽공예 작품 활동
	B	16	72,000원		14:40~16:20			
	C	16	105,000원 *재료비		13:45~15:05			
	D	16	72,000원		15:10~16:30			
창의미술 & 수채화 댓생	A	16	120,000원 *재료비	월	12:50~14:30	본관4층 방과후 교실3	○○○	-다양한 주제와 재료로 그림에 대한 흥미유발, 상상력 자극, 창의력 증진 -그리기 기초/심화과정까지 단계별 ,수준별 개인지도 -댓생과 수채화의 기초과정을 통해 이론과 실기를 체계적으로 수업, 중학교 수행평가 대비 지도
	B	16	40,000원		14:40~16:20			
체스	A	20	112,500원 *교재비	수	12:50~14:30	본관4층 방과후 교실2	○○○	-집중력,사고력,리더십 발달 -유학생활에 적용하기 쉬운 필수교양과목 -체스대회 참가 가능
	B	20	20,000원		14:40~16:20			
플룻& 오카리나	A	16	122,500원	목	14:40~16:20	별관1층 체육실3	○○○	-플룻 또는 오카리나 선택하여 배웁니다. -연주법, 운지법, 복식호흡법을 배우며 아름다운 곡을 연주할 수 있다. -1:1개인레슨을 통한 개인실력향상 -공개수업, 발표회를 통한 다양한 음악활동 체험
한자 자격증	A	16	52,500원	목	13:50~14:40	본관1층 과학실	○○○	-수준에 맞춘 급수별 자격시험대비 -기본이 튼튼한 부수한자 지도 -한자의 형성원리를 통해 한자를 쉽게 학습함 -인성교육을 위한 사사성어 사자소학 한자상식 등 지도
	B	16	105,000원		14:50~16:30			

2. 토요 방과후학교 프로그램

활동 부서		정원	16주 수강료	요일	시 간	장소	강사명	교육활동 안내
방송 댄스	A (1-3학년)	16	120,000원	토	9:00~10:40	본관4층 체육실2	○○○	아이들 댄스를 기초부터 탄탄하게 배울 수 있는 시간. 올바른 자세를 위한 요가가 접목원 스트레칭으로 시작하여 차근차근 안무를 익혀 유연성과 리듬감을 키워준다. 또한 학생들의 꺼를 마음껏 펼칠 수 있도록 자유로운 분위기 조성으로 스트레스 해소에 효과를 주며 발표회를 통한 자신감과 자존감을 심어줄 수 있다.
	B (4-6학년)	16			10:50~12:30			
음악 줄넘기	A (1-3학년)	16	120,000원	토	9:00~10:40	본관4층 체육실1	○○○	1기-기본 기술 줄넘기의 명칭과 자세를 배움 2기-배운 기술 줄넘기를 음악에 맞춰서 연습하여 리듬감과 타이밍 감각을 길러줌
	B (3-6학년)	16			10:50~12:30			
역사 교실	A (4-6학년)	16	120,000원	토	9:00~10:40	본관4층 방과후 교실2	○○○	문헌, 사진, 그림, 지도, 그래프 등 이미지 독해능력을 향상시키고, 균형 잡힌 역사의식을 키우기 위해 하나의 핵심 주제를 이해하여, 주제와 주제의 연결을 통해 암기식 역사 교육에서 벗어나 스스로 탐구해서 역사의 흐름을 이해하며 알아가는 토의식 역사 수업
	B (3-6학년)	16			10:50~12:30			
토요 풋살 축구	A (1-3학년)	20	120,000원	토	9:00~10:40	운동장 (우천시 별관4층 강당)	○○○	-A반 놀이체육을 통한 축구수업으로 흥미 유발 B반 전문 축구기술을 통한 리그전 경기를 진행 -축구를 통한 전인교육(규칙과 경기방법을 배우면서 인지적 영역 발달, 힘찬 신체활동으로 심동적 영역 발달, 팀 내에서의 협동심과 팀 간에서의 경쟁심을 통해 정의적 영역 발달)을 실현합니다.
	B (4-6학년)	20			10:50~12:30			

잘 찾아가도록 하는 것도 좋습니다.

　방과 후 교사는 각 영역의 전문적인 소양을 가진 분들로 모집 공고 뒤 서류심사를 거쳐 교장, 교감, 담당 교사의 면접을 통해 선발됩니다. 방과 후 수업이 잘 진행되도록 학교에서는 관리하고 있으며 학기당 한 번씩 학부모 공개수업을 열고 학부모 만족도 조사를 합니다.

Q. 과학 상상화 그리기 대회를 위해 미술학원에 다녀야 할까요?

A. 학교에서는 4월이 되면 과학의 달 행사로 과학 상상화 그리기 대회를 엽니다. 꼭 상을 받고 싶은 마음에 미술학원에서 똑같은 그림을 여러 번 연습하거나 다른 사람의 그림을 베껴 그리는 경우도 보았습니다. 그러나 이것은 바람직하지 않습니다. 그렇게 하고도 상을 타지 못하면 아이들은 적잖이 실망하고 그림에 대한 부담을 느끼게 되기 때문입니다. 그보다는 평소에 과학에 관한 책을 많이 읽는 것이 도움이 됩니다. 과학 지식 내용을 정리하고 더 나아가 상상의 세계를 펼칠 수 있도록 책을 읽고 나서 부모님과 대화하는 것도 좋습니다. 책을 읽고 이해와 감상을 그림으로 표현해 보는 활동은 대회 수상 여부를 떠나 아이의 성장 발달에 큰 도움이 됩니다.

Q. 상담은 꼭 해야 하는가요?

A. 학부모 상담 기간이 공지되면 꼭 신청해야 하는지 묻는 부모님들이 있는데 상담이 필수 사항은 아닙니다. 아이의 학교생활 모습이나 학습에 궁금한 점이 있어도 직접 선생님께 묻는 일은 부담스럽게 느껴질 수 있습니다. 그래서 학교에서는 1년에 2회 공식적인 상담 주간을 정해 두었습니다. 희망자만 상담을 신청하고 정해진 날 짜와 시간에 20~30분 정도 상담이 진행됩니다. 상담 기간에 사정이 있어서 방문 상담을 하지 못하면 전

화나 메일 상담도 가능합니다. 상담 주간이 아니어도 알림장을 통해 선생님께 상담을 요청하면 시간을 정해 상담할 수 있습니다. 미리 상담 내용을 알려 주시면 생활기록부, 단원평가 결과, 교우 관계 관련 자료를 준비해 두기도 합니다.

1학기 상담은 주로 교사가 부모님에게 아이에 대한 정보를 얻는 시간이므로 아이에 관한 특이사항이 있는 경우엔 꼭 상담하시길 권합니다. 선생님께 아이에 관한 이야기를 할 때는 긍정적으로 표현하는 것이 좋습니다. 긍정적인 기대는 아이의 가능성을 무한히 열어 놓습니다.

2학기 상담은 한 학기 동안 생활한 모습을 토대로 남은 학기를 잘 보낼 수 있도록 선생님과 이야기를 나누게 됩니다. 부모님의 생각과 선생님이 학교생활에서 발견한 아이 모습이 다를 수도 있습니다. 장점은 좋은 방향으로 이끌어 주고, 고쳐야 할 것은 선생님, 부모님, 아이가 함께 노력해 빨리 개선할 수 있는 방법을 찾는 것이 상담입니다.

상담에서 제일 난감한 상황은 학교에서는 아이의 문제 행동이 계속되고 있는데 부모님께서 아이의 상태를 인정하지 않는 경우입니다. 부모님이 자신을 아이와 동일시하여 아이의 단점을 부모님의 단점으로 지적받았다고 불편하게 느끼기까지 합니다. 이렇게 되면 선생님은 도움을 줄 수 없습니다. 부모님이 선생님을 신뢰할 때 아이도 선생님의 지도를 믿고 따르게 됩니다.

때로는 부모님의 열 마디 말보다 선생님의 한마디 말이 힘을 발휘하기도 합니다. 가정에서 지도하기 힘든 것은 선생님께 도움을 청하도록 합니다. 상담이 끝나면 돌아가 아이에게 긍정적인 메시지를 전하도록 합니다. 혹시 부모님의 기대와 다른 이야기를 듣고 속상한 마음을 아이에게 그대로 드러낸다면 아이의 학교생활은 더욱 위축될 것입니다. 상담 내용 중 아이의 부족한 부분, 개선할 부분은 원인을 찾고 차근차근 아이의 마음을 살펴 가며 고쳐나가도록 합니다.

Q. 아이가 선생님께 잘못을 지적받았을 때

A. 간혹 부모님 생각과 달리 선생님이 아이의 행동을 지적한다면 좀 더 객관적으로 아이를 바라보시는 것이 좋습니다. 때로는 학교에서 하는 행동이 가정에서 보이는 모습과 많이 다른 아이가 있습니다. 강압적이고 권위적인 부모님 밑에서는 순종적으로 지내다가 학교만 오면 반대로 행동을 하는 것입니다. 요즘은 학원에서 받은 학업 스트레스를 학교에서 제멋대로 행동하는 것으로 표출하는 아이들도 있습니다.

혹시 평소 부모님 생각과 다른 관점에서 선생님이 아이에 대해 말씀하신다면 일단 받아들이고 왜 그런 모습을 보이는지 원인을 찾아야 문제를 해결할 수 있습니다. 선생님도 부모님과 마찬가지로 아이를 바르게 자라도록 이끌어가는 가장 중요한 사람으로 생각하고 신뢰하면 아이도 선생님을 믿고 잘 따를 것입니다.

Q. 학부모 총회와 공개수업은 꼭 참석해야 하나요?

A. 3월 중순이 되면 학부모 총회가 열린다는 안내문이 나갑니다. 총회

가 열리는 날에는 공개수업이 함께 진행되기도 합니다. 부모님께서 모든 학교 행사에 참석하는 것은 어려운 일이지만, 1학년 학기 초 학부모 총회와 공개수업은 참석하시는 것이 좋습니다.

공개수업은 교실에서 아이가 어떤 모습으로 수업에 참여하고 있는지 알아보는 기회입니다. 선생님 말씀에 집중하는지, 짝이나 모둠 친구들과 어떻게 의사소통하는지, 자신감 있게 발표하는지, 바른 자세로 앉아 즐겁게 수업에 참여하고 있는지 꼼꼼히 살펴봅니다.

총회와 공개수업은 학부모가 거의 모두 참여하는 행사라 부모님이 총회에 오지 않은 아이는 의기소침해지기 쉽습니다. 부모님이 오셨는지 쳐다보느라 수업에 집중하지 못하기도 합니다. 만일 부모님이 공개수업에 오시지 못한다면 아이에게 충분히 상황을 설명하고 할머니 또는 가족 중 다른 분이라도 참석하는 것이 좋습니다.

집에 돌아가서는 부모님 마음에 들지 않는 부분이 있더라도 장점을 칭찬해 줍니다. 만약 1학년 공개수업 때 다른 아이와 비교하고 질책하면 아이는 공개수업 때마다 긴장하게 되고 심지어 앞으로 오지 말라고 할 겁니다. 최대한 아이가 잘하고 좋은 부분을 찾아내 격려하고 부족한 것은 담임 선생님과 상담을 통해서 서서히 개선해 나가는 게 좋습니다.

공개수업을 마치고 진행되는 총회에서는 학교의 특색 프로그램을 안내하고 교장 선생님 소개가 끝나면 학급 담임 선생님과 만나는 시간을 갖습니다. 담임 선생님은 교육관과 교육 방향, 학급 운영 방침을 설명하는데, 이것은 아이가 학교에 적응하고 학부모님이 학교생활을 이해하는 데 많

학부모 단체와 봉사의 종류

학부모회

학부모회는 대운동회, 학년 운동회, 학예회, 바자회 같은 학교 행사에서 선생님 손이 부족할 때 도움을 주는 모임입니다. 고학년의 경우 보통 1학기 학급 임원의 부모님이 대표를 맡아 모임을 이끌어 갑니다.

녹색어머니회

아침 등굣길 건널목에서 아이들이 안전하게 길을 건너도록 돕는 봉사단체입니다. 아침 8시 30분경부터 9시까지, 30분 정도 교통지도를 합니다. 1년에 2~3일 봉사 차례가 돌아옵니다. 요즘은 아버지가 참여하는 경우도 많아졌고, 직장에 다니는 분도 출근을 늦추어 봉사하는 분도 늘었습니다.

학교 급식 모니터

아침에 일찍 학교에 나와 영양사 선생님과 급식 재료를 검수합니다. 주문대로 재료가 도착했는지 확인하고 재료의 상태와 품질을 검사합니다. 급식을 만드는 조리과정도 살펴보고 위생 상태를 확인하며 직접 배식 상황을 살펴보기도 합니다.

도서관 명예 교사

학교 도서관의 도서 정리와 대출을 돕고 독서 관련 행사가 있을 때 봉사활동을 합니다. 주로 사서 선생님 자리가 비는 점심시간에 아이들의 도서관 이용을 돕습니다.

은 참고가 될 것입니다. 안내가 끝나면 여러 학부모 단체를 조직합니다. 미리 가정통신문을 통해 어떤 학부모 단체에 서서 활동할 것인지 희망 의사를 묻지만 필요한 인원이 다 채워지지 않을 때가 많아 총회 때 추가로 희망자를 모집합니다. 학부모 단체에서 회비를 걷는 것은 불법이라 어느 단체도 회비는 없습니다. 총회에서는 자연스럽게 학부모님들의 만남이 이루어지고 반 모임으로 이어지게 됩니다. 학부모 커뮤니티는 학교생활에 대한 정보를 공유할 수 있고 서로 도움을 주고받을 수 있습니다.

Q. 교실 청소를 엄마들이 해야 하나요?

A. 불과 몇 년 전까지만 해도 부모님들이 순번을 정해 교실 청소를 도와 주기도 했지만, 2017년부터 1학년 교실 청소를 교육청 예산으로 지원받고 있습니다. 1학년 아이들은 자기 물건을 정리하고 쓰레기를 줍는 정도로 청소 활동을 하고, 바닥 청소와 걸레질은 정해진 도움을 받고 있어서 학부모님이 청소하러 학교에 오실 필요는 없습니다.

Q. 방학 때도 돌봄 교실을 운영하나요?

A. 돌봄 교실은 맞벌이 가정에 도움을 주고자 정부에서 지원하는 제도입니다. 초기에는 돌봄 서비스가 필요한 가정의 아이들을 다 받아주지 못하는 때도 있었습니다. 지금은 시설을 늘려 원하는 아이는 대부분 이용할 수 있습니다. 학교마다 조금씩 다르기는 하지만 아침 돌봄(오전 6시 30분~9시), 오후 돌봄(방과 후 ~6시), 저녁 돌봄(저녁 6시~10시)이 운영되고 있

고, 부모님이 데리러 오시는 대로 아이는 집으로 갑니다. 수요가 있으면 토요 돌봄(오전 8시~오후 1시)이 개설되는 학교도 있습니다. 돌봄 교실도 짧은 방학이 있긴 하지만 방학 때도 운영하는 것이 원칙입니다. 때때로 방학을 앞두고 실시하는 설문 조사 결과에 따라 학교에 따라 방학 기간에 운영되지 않을 수도 있습니다.

방과 후 돌봄 교실에 가면 간단한 간식이 있고 저녁 돌봄 때는 식사 또는 식사 대용식이 제공됩니다. 대부분 1~2학년이 많은데 한 반에 20~25명의 아이가 함께 지냅니다. 돌봄 선생님은 간식을 챙겨 주고 숙제를 도와주거나, 방과 후 수업과 학원 시간에 맞추어 아이를 보내면서 하교 상황을 점검합니다. 아이와 오랜 시간을 함께 보내는 선생님이기 때문에 좋은 관계를 맺고 아이에 대해 궁금한 점은 상의하시는 게 좋습니다. 방과 후 수업이나 학원으로 가지 않는 아이들도 돌봄 교실에 그냥 있는 게 아니라 여러 가지 프로그램에 참여합니다. 돌봄 교실을 마치고 하교할 때는 부모님이나 정해진 보호자가 직접 오셔서 아이를 데리고 가야 합니다.

Q. 결석이나 조퇴할 때는 어떻게 해야 하나요?

A. 아이가 아파서 갑자기 결석하는 경우에는 먼저 담임 선생님께 상황을 간단히 설명하고 결석 의사를 밝히면 됩니다. 등교 시간은 분주해서 전화보다는 문자메시지가 좋고 수업이 시작되는 9시 전까지 연락을 주시는 게 좋습니다. 아픈데도 무리해서 학교에 오기보다는 되도록 집에서 충분히 쉬는 게 좋습니다. 수업 중간에 아이 상태가 나빠지면 다시 집으로

결 석 신 고 서	결재	담임

( )학년 ( )반 ( )번

성명

결석기간	20 년 월 일 ~ 20 년 월 일 ( )일간
결석사유	
증빙서류	□ 의사진단서 □ 의사소견서 □ 투약봉지 □ 병원처방전 □ 학부모의견서 □ 담임교사 확인서 □ 기타 _____ * 3일 이상 질병으로 인한 결석시에는 의사의 진단서 또는 소견서를 함께 첨부해서 제출 하셔야 합니다. * 증빙서류 미제출시 무단결석으로 처리 됩니다.

<질병으로 인한 결석 처리>

* 질병으로 인한 결석의 경우 결석신고서를 5일 이내에 담임교사에게 제출함.

* 상습적이지 않은 2일 이내의 결석은 질병으로 인한 결석임을 증명할 수 있는
자료(학부모 의견서, 처방전, 약봉투, 담임교사 확인서 등)가 첨부된 결석신고서를
5일 이내에 제출

* 3일 이상 병결일 때는 반드시 결석신고서와 함께 의사진단서나 소견서(병명,
진료기관이 기록된 증빙서류)를 결석한 날부터 5일 이내에 첨부해야 함

* 결석한 날부터 5일 이내에 결석신고서를 제출하지 않으면 무단결석으로 처리됨.

출결 상황 및 개인체험학습 관리

○○ 초등학교

1 결석의 종류

가. 질병으로 인한 결석
  1) 질병으로 인한 결석의 경우 결석신고서를 5일 이내에 담임교사에게 제출함
  2) 상습적이지 않은 2일 이내의 결석은 질병으로 인한 결석임을 증명할 수 있는 자료(학부모 의견서, 처방전, 약봉투, 담임교사 확인서 등)가 첨부된 결석신고서를 5일 이내에 제출(서식은 학교 홈페이지에 있음)
  3) 3일 이상 병결일 때는 반드시 결석신고서와 함께 의사진단서나 소견서(병명, 진료기관이 기록된 증빙서류)를 결석한 날부터 5일 이내에 첨부해야 함
  ** 고농도 미세먼지 발생 시 민감군 학생의 질병결석 인정 가능

나. 미인정 결석
  1) 합당하지 않은 사유나 고의로 결석한 경우(태만, 가출, 고의적 출석 거부 등)
  2) 미인가 교육시설로 위탁교육

다. 기타 결석
  1) 부모·가족 봉양, 가사 조력, 간병 등 부득이한 개인사정에 의한 결석임을 학교장이 인정하는 경우

2 출석 인정 결석

가. 경조사로 인하여 출석하지 못하는 경우

구 분	대 상	일 수	구 분	대 상	일 수
결 혼	형제, 자매	1	사 망	부모 및 부모의 부모	5
입 양	본인	20		부모의 조부모·외조부모 형제·자매 및 그의 배우자	3
				부모의 형제·자매	1

나. 법정 감염병으로 인한 결석
  1) 법정 감염병 혹은 감염병 의심으로 인해 격리가 필요하다고 의사가 판단한 경우
  2) 법정 감염병의 종류: 백일해, 유행성이하선염, 인플루엔자, 홍역, 풍진, 수두 등
  3) 병명과 격리가 필요하다는 내용과 기간이 명시된 의사소견서 담임선생님께 제출

다. 체험학습으로 인한 결석
  1) 체험학습은 사전 신청을 원칙으로 함
  2) 연간 최대 19일까지 가능, 한 번에 최대 연속 10일 이내(토, 일 공휴일 제외)까지 신청
  3) 2)의 기간을 초과하는 경우 미인정결석
  4) 서식은 학교홈페이지에 있음
  ※ 연간 1/3이상 결석(2019년 기준 64일)이 있을 경우, 진급이 되지 않음

3 지각 조퇴

가. 지각 : 학교장이 정한 등교시각까지 출석하지 않은 경우
나. 조퇴 : 학교장이 정한 하교시각 이전에 하교한 경우
  ※ 반복적인 지각 조퇴의 경우, 사유(질병, 미인정, 기타)를 입력할 수 있음

4 예체능 교육활동으로 인한 출결 문제

가. 예체능 교육활동(사교육)으로 인한 결석, 지각, 조퇴는 모두 '미인정' 처리함
나. 체육특기자(학생선수)의 경우 대회와 대회를 위한 훈련이 있는 경우, 증빙자료를 제출하면 출석인정 결석(조퇴, 지각) 처리
※ 학생선수란 학교체육진흥법 제2조 4항, 학생선수란 학교운동부에 소속되어 운동하는 학생이나 국민체육진흥법 제33조(통합체육회)와 제34조(대한장애인체육회)에 따른 체육단체에 등록되어 선수로 활동하는 학생을 말합니다.

보내는데 이 경우에는 조퇴로 처리됩니다. 등교 시간 전에 병원에 다녀온다는 연락을 하고 10시쯤 등교하는 경우 대부분 정상 출석으로 인정합니다. 질병 외에 집안 행사로 결석이나 조퇴할 때도 미리 선생님께 문자로 알리거나 알림장에 적어 보내 주시면 됩니다.

코로나, 독감, 수두, 뇌염, 수족구병, 성홍열 같은 법정 전염병에 걸리면 격리 치료가 필요합니다. 담임 선생님께 연락하고 병원에서 이와 같은 전염병으로 진단받으면 등교하지 말고 가정에서 치료해야 합니다. 완치되었다는 의사의 소견서가 있어야 다시 등교할 수 있습니다. 법정 전염병으로 불가피하게 결석한 경우 소견서에 명시된 날짜까지 결석 처리되지 않습니다. 잠복기라도 반 아이들이 전염될 수 있고 겉으로는 완치를 확인할 수 없으므로 진단과 완치에 의사의 소견이 꼭 필요합니다. 이유 없이 결석하는 것을 막기 위해 어떤 이유로 결석을 했든 다음날 등교할 때 진료확인서나 결석 신고서를 반드시 제출해야 합니다.

Q. 회장 선거에 나가는 것이 좋을까요?

A. 아이가 회장 선거에 나가겠다고 하면 해 보라고 하지만 싫다는 아이에게 군이 강요하지는 않습니다. 이럴까 저럴까 망설이는 아이에게는 도전해 보라고 하는 것도 좋습니다. 누구에게나 열려 있는 기회이고 당선되지 않더라도 도전하는 경험은 소중하다고 말해 줍니다. 회장에 당선되면 축하와 함께 책임감 있게 역할에 최선을 다해야 한다는 것을 알려 주고 당선되지 않더라도 용기 있는 도전에 응원을 보냅니다. 회장 선거에 나

가면 공약을 발표해야 하므로 학급에 필요한 일을 고민하고 그 내용을 잘 전달하기 위해 연습해야 합니다. 친구들 앞에서 자기 의견을 설득력 있게 말하는 것은 좋은 공부가 됩니다.

Q. 초등학교 아이에게 휴대전화가 필요할까요?

A. 휴대전화는 최대한 늦게 사 주는 것이 바람직합니다. 초등학교 저학년인 경우 구체적 조작기로 주로 활동을 통해 아이들이 세상을 받아들이고 느끼는데 스마트 기기에 노출되면 사고 활동보다 빠른 화면 전환에 즉각적인 반응을 유도하기 때문에 연상, 유추, 예측과 같은 다양한 사고 활동을 하기 어렵습니다. 우리 아이들에게는 즉각적인 반응보다는 천천히 느끼고 생각하는 힘을 기르고 학습에 기초를 세우는 다양한 활동에 에너지를 써야 합니다. 그래서 되도록 휴대전화는 늦게 접할 수 있도록 해 주세요.

초등학교 1학년 아이 중에도 키즈폰 같은 휴대전화를 들고 다니는 아이가 제법 있습니다. 특히 맞벌이 부모님의 경우 아이의 안전과 위치 파악을 목적으로 사 주는 것 같습니다. 부모님께서 직접 아이의 등하교를 지켜보신다면 굳이 휴대전화를 사 주지 않아도 됩니다. 간혹 아이의 기가 죽을까 봐 갓 입학한 아이에게 휴대전화를 사 주기도 하는데, 휴대전화가 학교생활에 도움이 되지 않는 경우도 많아 바람직하지 않습니다. 수업 시간인지 모르고 전화가 걸려 오기도 하고 뭔가 속상한 일이 생길 때마다 바로 부모님께 전화를 걸어 괜한 걱정을 사기도 합니다. 운동장이나 강당에서 활동할 때도 목에 걸고 있거나 손목에 찬 키즈폰이 불편해서 선생님께 맡기기도 합니다. 학교에서 등하교 안심 알리미 서비스를 제공하고 있고, 학교 안에는 수신자 부담 전화기도 있으니 1학년 때 휴대전화를 사 줄 필요는 없을 것 같습니다.

3~4학년 이상이 되면 휴대전화를 사용하는 친구들이 늘어납니다. 휴대전화를 사 주기로 했다면 사용 규칙에 대해 꼭 약속해야 합니다. 손에서 휴대전화를 놓지 못하거나 게임에 빠지지 않도록 지도해야 하기 때문입니다. 집에 오면 휴대전화를 두는 장소를 정하고 저녁 9시 이후에는 온 가족이 휴대전화를 사용하지 않는다든지, 학교에 다녀오면 숙제를 먼저하고 휴대전화를 사용한다든지, 휴대전화 잠금 기능은 사용하지 않는다든지, 가족회의를 열어 규칙을 정합니다. 부모님이 적극적으로 동참해서 휴대전화 사용에 모범을 보여야 합니다.

일단 아이에게 휴대전화를 사 주었다면 귀찮더라도 철저히 관리해야합니다. 요즈음 학교 폭력 중 많은 사례가 단체 채팅방에서 일어나고 있습니다. 학교 폭력으로 신고가 되면 모든 대화방에서 주고받은 내용은 증거 자료로 제출되고 검증받게 됩니다. 학교에서 사이버 교육을 하고 있지만, 가정에서도 휴대전화 사용 예절을 지키고 바른 언어를 사용하도록 교육해야 합니다.

Q. 학생정서행동특성검사 결과는 정확한가요?

A. 5월 중에 1학년과 4학년 대상으로 정서행동특성검사를 실시합니다.

결과지는 가정으로 통보되고 선생님도 평소 교실에서 보이던 모습과 결과를 비교해 봅니다. 부분적으로 일치하지 않을 수 있지만 대체로 검사 결과는 아이들 행동 성향과 일치합니다. 과잉행동을 보이는 아이가 검사에서 관심군으로 나오지 않는 경우가 있기는 하지만 정서적으로 문제가 없어 보이는 아이가 관심군 이상으로 나오지는 않습니다. 관심군으로 나오면 추가 검사를 하거나 상담을 거쳐 외부 기관과 연계해 지도하게 됩니다.

Q. 담임 선생님과 연락은 어떻게 하는 것이 좋은가요?

A. 담임 선생님과는 알림장으로 연락하는 것이 가장 좋습니다. 궁금하거나 전할 일을 알림장에 적어서 보내면서 아이에게 꼭 선생님께 보여드리라고 일러줍니다. 전화로 연락하고 싶다면 아침 등교 시간보다는 수업이 끝나고 하는 게 좋습니다. 아침 등교 시간에는 아이들의 등교를 확인해야 할 뿐만 아니라 통신문을 걷고 과제를 검사하는 일로 여러모로 분주하기 때문입니다. 특히 수업 시간 동안에는 전화 연락은 피해야 하고, 쉬는 시간이라도 우유 급식, 아이들 민원 해결로 선생님은 바쁘다는 것을 알아 주시기 바랍니다. 학교 근무 시간이 지났다면 아이가 다쳤다거나 하는 아주 급한 상황이 아니라면 다음날로 연락을 미뤄두는 게 좋습니다. 간혹 문자는 아무 때나 해도 된다고 생각하고 밤에도 연락이 오는 경우가 있는데 늦은 시간에는 문자 연락도 하지 않는 것이 좋습니다.

5장

학부모님이
알아두면
유익한 정보

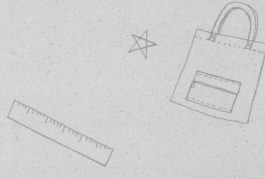

신체검사와
정서행동특성검사

　해마다 1학년과 4학년 어린이 대상으로 학생 정서행동특성검사를 합니다. 정서행동 문제를 미리 예방하고 학교 부적응 학생을 예방 관리하는 차원에서 온라인과 서면으로 검사가 이루어집니다. 학생 정서행동특성검사에 대한 가정통신문이 오면 정해진 날짜에 꼭 참여해야 하고, 온라인 검사가 힘들 경우 설문지로도 참여할 수 있습니다. 내용을 꼼꼼하게 읽고 아이에게 평소에 특별한 문제가 없는지 최근 3개월간의 행동을 기준으로 허용적으로 체크하지만 아이가 이상하게 보일까 봐 무조건 긍정적으로 평가하는 것도 피해야 합니다. 아이가 처한 문제를 조기에 바로 잡을 기회를 놓칠 수 있기 때문입니다.

　검사 결과는 가정으로 발송됩니다. 크게 정상, 관심군으로 분류되는데 관심군이 나오면 추가 검사를 하거나 상담을 거쳐 외부 기관과 연계하여 지도가 진행됩니다. 해마다 10% 내외의 아이들이 관심군으로 판별되고 있고 점차 늘어나는 추세이며 지속적인 관찰 및 지도가 필요합니다.

1학년과 4학년은 정서행동특성검사 말고도 지정된 병원에서 정해진 기간에 건강검진을 받아야 합니다. 가정통신문으로 건강검진을 안내받으면 지정병원에 가서 키, 몸무게, 혈액검사, 시력, 소변검사, 치과 검진들을 받습니다. 건강검진을 받아야 하는 학생은 빠짐없이 기간 내에 검진을 받아야 합니다. 건강검진이 완료되면 검사 완료증을 선생님께 제출합니다.

개인 체험학습
신청과 결과보고

　학기 중에도 가족여행이나 견학 활동을 할 수 있도록 학교장이 허가하는 제도가 개인 체험학습입니다. 개인 체험학습은 학교마다 허용하는 날짜가 조금씩 차이가 있지만 대부분 1년에 19일까지 가능하고 한 번에 공휴일을 제외하고 10일까지 가능합니다. 체험학습 신청서를 미리 제출하고 해당 활동을 시행하면 학교에 가지 않아도 출석으로 인정됩니다. 개인 체험학습을 신청하려면 학교 홈페이지에서 신청서를 내려 받아 내용을 작성한 뒤 담임 선생님께 미리 제출합니다.

　최소한 일주일 전에는 신청서를 제출합니다. 당일 아침에 체험학습을 신청하는 것은 선생님을 곤란하게 만드는 일입니다. 초등학생이 결석으로 생기는 불이익은 없으니 급한 결석 사유가 생기면 나중에 결석계를 제출하면 됩니다.

개인 체험학습 신청서에 세부 일정을 자세히 쓰지 않아도 됩니다. 간단히 써서 제출하고 개인 체험학습을 다녀와서는 꼭 보고서를 제출하도록 합니다. 담임 선생님은 월마다 학생의 출결 서류를 제출합니다. 이때 체험학습 보고서가 없으면 난감합니다. 체험학습 보고서는 선생님이 자세히 읽고 확인하는 서류가 아니므로 입장권이나 관람권, 사진을 첨부해서 간략하게 쓰면 됩니다.

체험학습 신청서

	담 임	교 감	교 장

인적 사항	성 명		(남 · 여)	학년반	제 학년 반 번
	주 소			전 화	

체험 학습일	20 . . . (요일)- 20 . . . (요일)

체험 장소	

체 험 학 습 할 내 용

위와 같이 체험학습을 신청하오니 허락하여 주시기 바랍니다.

20   .   .   .

학 생
학부모   ㉑

서 울 ○○ 초 등 학 교 장 귀 하

262

체험학습 결과 보고서

인적 사항	성 명		(남 · 여)	학년반	제 학년 반 번
	주 소			전 화	

체험 학습일	20 . . . (요일)~ 20 . . . (요일)

학 습 한 내 용	필수적인 학습 (과제 학습)	체험적인 학습

위와 같이 체험학습을 하였습니다.

20 . . .

학 생
학부모   ㊞

서 울 ○○ 초 등 학 교 장 귀 하

교원능력개발평가

교원능력개발평가는 담임 선생님과 교과 선생님에 관한 평가를 하는 것으로 11월 즈음에 실시하며 가정통신문으로 안내됩니다. 이 평가는 교사의 교육 활동에 대한 전문성을 진단하고, 결과를 학교 교육 발전을 위해 반영하려는 목적에서 실시합니다. 1학년 학부모가 참여하는 교원능력개발평가는 학부모 만족도 조사입니다. 1년간 선생님의 학급 운영을 지켜보면서 느꼈던 학습과 생활지도에 관해 평가가 이루어지며, 각 분야에 걸쳐 다섯 개의 객관식 문항이 제시됩니다. 또 선생님에 대해 칭찬하고 싶은 점이나 바라는 점들을 서술할 수도 있습니다.

1학년에서 3학년까지는 학부모 만족도 조사이고, 4학년에서 6학년은 학생 평가로 이루어집니다. 학부모님 중에는 평가한 내용을 선생님이 알게 되어 자녀에게 불이익이 갈까 봐 불안해하거나 선생님에 대한 불만 사항을 서술해도 비밀이 보장되는지 궁금해하시는 분이 있습니다. 교사는 평가의 평균적인 결과만 통보받고, 학부모가 어떻게 평가했는지 전혀 알 수 없습니다.

교사로서 아이들을 대하는 교육 철학이나 지도 방법은 같지만, 교원능력개발평가 결과가 항상 비슷한 것은 아닙니다. 학생 수가 적어서 학급 운영이 수월하고 아이들이 잘 따라온 해에는 비교적 부모님의 평가도 좋게 나오고, 학생 수가 많아 여러모로 어려움이 많았던 해에는 오히려 부모님 평가가 낮게 나오는 경향이 있습니다.

스승의 날
선물

아이가 학교에 가면 많은 걱정을 하다가도 아이가 아침마다 즐겁게 학교에 달려가는 것을 보면 엄마는 마음이 놓이고 선생님께 감사하는 마음이 생깁니다. 그럼 선생님에게 무엇이라도 드리고 싶은 마음이 생기는데 특히 스승의 날이 되면 그런 마음이 더 커지는 것 같습니다.

학부모님이 교사에게 감사의 마음으로 선물하고 싶어도 교사는 어떠한 선물도 부모님에게 받을 수 없습니다. 2016년 11월 30일부터 시행된 부정 청탁 및 금품 수수 금지에 관한 법률(약칭: 청탁금지법), '김영란법'에 따라 교사가 어떠한 형태이든 금품이나 청탁을 받는 것이 법으로 금지되었기 때문입니다.

상담하러 학교에 올 때도 커피는 들고 가도 되는지 질문하시는 분이 있는데, 이것도 안 됩니다. 스승의 날 선물을 준비하고 싶다면 아이가 선생님께 감사의 편지를 써 보면 어떨까요? 선생님의 가장 기분 좋은 선물은 아이의 손편지입니다. 입학한 지 얼마 안 된 삐뚤삐뚤한 글씨의 손편지에는 아이의 마음이 담겨 있어서 받으면 기분 좋고 소중합니다. 학년이 끝날 때 부모님께서 감사의 편지나 문자로 1년 동안 수고하셨고, 감사드린다는 말을 남겨주시기도 합니다. 이런 문자는 선생님에게는 좋은 선물입니다. 처음에는 조금 어렵게 느껴질 수도 있는 관계지만 학부모와 교사가 서로 이해하고 배려한다면 편안하고 좋은 관계를 만들어 갈 수 있을 것입니다.

학교 현장에서!

아이: 선생님, 선생님은 꽃다발 받으면 안 되나요?

선생님: 왜 그걸 물어보는데?

아이: 개학이라 엄마한테 선생님 드릴 꽃 좀 사달라고 했는데, 엄마가 안 된대요.

선생님: 그래, 엄마 말씀이 맞아. 선생님은 꽃 받으면 안 돼.
너의 예쁜 마음만 받을게. 그래도 선생님 기분이 좋은걸!

전학 절차

전출

　전학 사유가 생겨 전학을 갈 때는 담임 선생님께 전학 예정일을 알림장이나 문자로 미리 알려야 합니다. 선생님은 수행평가와 학생부 기록을 마무리해서 전학을 보내야 하기 때문입니다. 요즘은 학교 간에 전산으로 모든 서류가 처리되기 때문에 학부모님이 따로 챙길 서류는 없습니다. 아이가 도서관에 반납할 책이 있는지 확인하고, 방과 후 수업을 하고 있었다면 행정실에 들러 방과 후 수업료를 정산해야 합니다. 그리고 교실에 있는 사물함, 책상 속 물건들을 빠짐없이 챙겨가도록 합니다. 학기가 바뀔 때쯤 전학을 간다면 교과서를 받아 가야 하는지 확인합니다.

전입

거주지를 이전한 뒤 거주지 주민센터에 가서 전입신고를 할 때 전입신고서 접수증을 받아야 합니다. 다음날 접수증을 가지고 접수증에 표시된 학교 교무실로 가서 반 배정을 받습니다. 반 배정을 받으면 부모님께서는 배정된 학년 반으로 가서 담임 선생님을 만납니다. 담임 선생님은 번호, 사물함, 자리를 배정해 줄 것이며 특별한 경우가 아니라면 전학해 온 날부터 수업에 들어가고 급식도 해야 하므로 간단한 교과서, 필기도구, 실내화는 챙겨서 학교에 가도록 합니다.

전학은 아이들이 스트레스를 받는 일 중 하나입니다. 새로운 학교, 새로운 친구, 담임 선생님과 익숙해지고 적응하는 데 시간이 걸리므로 부모님께서는 아이의 학교생활에 불편한 점이 없는지 잘 관찰하고 확인해서 심리적으로 안정되도록 도와주셔야 합니다. 유난히 새로운 환경에 긴장하는 아이는 되도록 빨리 담임 선생님과 상담 약속을 정해 아이의 특성에 관해 이야기를 나누는 게 좋습니다.

초등학교
교육비 지원

　모든 초등학교 학생은 의무교육 대상자로 무상으로 정규교육을 받습니다. 기초생활수급자, 한부모가족 보호 대상자, 법정 차상위계층 대상자, 중위소득 60% 이하에 해당하면 정규수업 외 방과 후 수업 수업료를 지원받을 수 있습니다. 이에 해당하는 가정은 3월에 가정통신문에 따라 교육비를 신청하시면 됩니다. 원클릭신청시스템(oneclick.moe.go.kr)로 신청하거나 주민센터에 가서 신청합니다. 주민센터에서는 학부모의 소득과 재산을 검토하여 학교에 통보하고 학교와 교육지원청에서 교육비를 지원합니다. 세 자녀 이상 가정의 셋째 아이도 일정 한도 내에서 방과 후 수업 지원이 가능합니다.

학부모의
간식 제공

어린이날 즈음하여 체육대회가 열리면 부모님께서 간식을 넣고자 의견을 물어 옵니다. 학교는 원칙적으로 외부에서 들어오는 간식은 금지하고 있습니다. 단체 생활에서 급식이나 간식으로 탈이 나게 되면 학교에 책임이 있기 때문입니다. 학교 급식은 철저히 위생, 청결 상태를 점검하고 있어서 문제가 거의 없지만 외부 음식은 확인할 수 없어서 문제가 생기게 되면 학교는 아주 곤란해집니다.

가끔 선생님과 상의도 없이 과자, 아이스크림을 학급으로 보내는 경우가 있는데, 선생님은 많이 당황하고 처리하는 데 어려움을 겪습니다. 위생상 문제도 있지만, 간식을 돌리는 것이 일상이 되어 버리면 부모님끼리 불편한 마음이 생기게 됩니다. 간식을 돌리지 않는 아이들은 괜히 의기소침해서 불편할 수 있으므로 간식은 가정에 서 나누어 먹도록 합니다.

학부모를 위한
부모교육 참고 도서

　아이가 학교에 입학하게 되면 많은 정보에 귀를 기울이고 많은 것을 아이에게 해 주려고 노력합니다. 하지만 제 경험상 너무 많은 정보도 아이들에게 독이 될 수 있다는 생각이 듭니다. 우리 아이들이 부모님의 불안한 마음에 실험맨이 되어 꼭 해야 할 것과 한번 해 보면 좋을 것 같은 것을 구분하지 못하고 우리 아이들에게 적용하게 되는 경우가 많습니다. 많이 하면 우리 아이들의 실력이 키워지는 것이 아니라, 우리 아이들은 너무나 지치고 힘듭니다. 멀리 내다보고 학교생활을 해야 하는데 출발한 지 얼마 못 가서 지치는 모습을 많이 봅니다. 그래서 보다 더 검증된 부모교육 전문가의 견해를 발판으로 자녀교육에 대한 중심 방향을 잡고 나아가야 아이도 부모님도 행복한 시간을 보낼 수 있다고 봅니다. 많은 책을 읽지 않더라도 아이가 입학할 즈음 몇 권이라도 읽게 되면 전문가의 의견이나 생

272

각이 보입니다. 우리 아이가 공부할 때 부모님도 함께 공부하는 모습을 보여주면서 자녀와 부모님 모두 성장하는 계기가 되는 기회를 갖도록 부모교육 도서 몇 권을 추천합니다.

부모 교육 추천도서

	도서명	저자	출판사
1	메타인지 학습법	리사 손	21세기북스
2	독서교육 어떻게 할까?	김은하	학교도서관저널
3	초등 1학년 수학을 잡아야 공부가 잡힌다	송재환	위즈덤하우스
4	다중지능 혁명	홍성훈	랜덤하우스
5	아이의 사생활 1, 2	EBS 아이의 사생활 제작팀	지식플러스
6	초등 1학년 공부, 하브루타로 시작하라	전병규	롱테일북스
7	엄마 심리수업 1, 2	윤우성	심플라이프
8	초등공부 독서로 시작해 글쓰기로 끝내라	김성효	해냄
9	세상에서 가장 쉬운 본질육아	지나영	21세기북스
10	유능한 초등교사는 자신의 아이를 어떻게 가르치는가	이정원	알투스
11	부모력의 비밀	송지희, 이대근, 김영주	경향에듀
12	어떻게 말해줘야 할까	오은영	김영사

엄마도 함께하는
체크리스트

    기본 생활습관을 길러 자기주도적인 아이로 자라도록 생활습과 체크리스트(36쪽)를 작성할 때 부모님도 아이와 함께하면 좋은 체크리스트입니다. 제시한 항목 말고도 꼭 하고 싶은 일을 정해서 아이와 함께 실천해 봅니다. 함께 하는 부모님을 보고 아이들은 노력하면서 성장하는 모습에 감동할 것입니다.

엄마도 아이와 함께하세요

	월	화	수	목	금	토	일
날마다 아이를 3번씩 힘껏 안아주기							
날마다 3번씩 크게 칭찬해 주거나 엄지척 해 주기							
날마다 아이와 함께 인사하기							
날마다 3가지 감사한 일 적기							
날마다 10분씩 책 읽기							

선생님이 추천하는
화이트보드판 활용법

크기는 전지 크기 정도(더 큰 것도 좋지만) 되는 화이트보드 칠판(유리에 붙이는 것도 있음)을 마련하여 놀이, 학습에 이용하면 아주 장점이 많은 교구입니다.

선생님 놀이 활동

그날 학교에서 배운 내용을 부모님께 가르치듯이 말해 보면 복습도 되고 아이의 언어 전달 능력도 키워집니다. "○○야, 오늘 학교에서 배운 것 엄마에게 알려 줄래" 하면 아이들은 선생님 역할을 해 보는 것을 의외로 좋아합니다. 이 활동을 하면 아이가 학교에서 얼마나 집중해서 학습했는지 무엇을 어려워하는지도 알게 됩니다. 공부한 내용을 다른 사람에게 전달하는 것은 완전학습으로 이어지는 좋은 방법입니다.

재미있는 한글 공부, 수학 공부 또는 그림 그리기

자음과 모음을 획순에 맞추어 큰소리로 쓰는 연습을 놀이처럼 할 수 있으며 '학교', '엄마'처럼 특정 낱말을 가지고 연상 단어 말하기, 끝말잇기 같은 낱말공부 받아쓰기도 자연스럽게 할 수 있습니다. 수학도 공부한 내용을 부모님이 잘 이해가 안 간다고 가르쳐 달라고 하면 신나서 설명해 줍니다. 보드판은 그림을 그리고 마음에 들지 않으면 지우기가 쉬워서 작은 도화지나 종이에 그림을 그리는 것보다 재미나게 합니다. 학교에서 보면 사람이나 사물을 표현하는 기능도 길러지지만, 자신만의 생각을 보드판에 펼쳐 놓으면서 스트레스 해소에도 많이 도움 됩니다. 더 나아가면, 무엇을 표현했는지 질문하고 답하면서 서로 대화를 나눌 기회도 만들어집니다.

가족끼리 전할 말

꼭 기억해야 할 것을 메모하거나 사과의 말이나 칭찬의 말 등 하고 싶은 말을 보드판에 써 놓고 볼 수 있도록 하는 것도 추천해 드립니다.

주간 시간표와 할 일을 써 놓고 점검하는 용도

한쪽 모서리에 한 주간 할 일을 적어 놓거나 체크리스트를 붙여 놓고 스스로 실천했는지 스스로 표시해 보는 것도 좋습니다.

우리 아이 초등 입학 이렇게 준비해요

초판 펴낸 날 2020년 1월 22일
개정증보판 1쇄 펴낸 날 2024년 12월 9일

지은이 김성원

펴낸이 권인수 | **펴낸 곳** 도서출판 책숲 | **출판등록** 2011년 5월 30일(제2023-000111호)

주소 (우)03940 서울 마포구 모래내로 7길 38, 2층 202-5호(성산동 137-3)
전화 070-8879-5026 | **팩스** 02-337-5026 | **이메일** booknforest@naver.com
블로그 https://blog.naver.com/dotoribook | **인스타그램** @acorn_forest_book
스마트스토어 https://smartstore.naver.com/acornforestbook

공급처 도토리숲(전화 070-8879-5026)

ⓒ 김성원, 2024

ISBN 979-11-86342-69-5 03370

김성원

초등학교에서 33년간 아이들을 가르쳤습니다. 서울교육대학을 졸업하고 대학원에서 상담심리와 초등미술을 전공했으며 교육청 초등미술영재원 강사로 활동했습니다. 33년간 학교 현장에서 생활지도에 힘쓰고, 더 나은 수업을 위해 연구하고 노력해 왔습니다. 여러 해 동안 초등학교 1학년 담임과 아이들을 가르치면서 기초 교육이 필요성을 절감하고, 아이의 초등 입학을 앞둔 예비 학부모를 대상으로 부모교육을 진행해 오고 있습니다.

나아가 더 많은 예비 학부모님들에게 초등 입학 준비와 학습 지도에 대해 안내하기 위해 2020년에 《아이의 미래를 바꾸는 1년, 초등 입학 준비 이렇게 해요》 책을 냈습니다.

 지금은 미술치료 및 하브루타 전문가 과정을 이수하고, 초등학교에서 독서 지도 그림책 강사로 아이들과 만나고 있으며, 초등학교 입학을 앞둔 학부모를 대상으로 초등학교와 도서관, 유치원에서 부모교육 강사로 활동하고 있습니다. 타샤의 책방에서는 '함께 공부하는 부모교육' 및 '그림책과 함께 하는 글쓰기' 강사로 활동하고 있습니다.

유튜브 채널 '똑똑 초등생활 김성원'을 운영하며 그림책 유튜버로도 활동하고 있습니다.

이 책《우리 아이 초등 입학 이렇게 준비해요》은 2024년 교육과정에 맞춰 내용을 추가하고 보완한 《아이의 미래를 바꾸는 1년, 초등 입학 이렇게 준비해요》 2025년 최신 개정판입니다.

메일: kimsamgo@naver.com
블로그: https://blog.naver.com/kimsamgo
유튜브: https://www.youtube.com/@똑똑초등생활김성원